# LES DUBOURG

SUIVIS DE

# LE SOURD - MUET

ET DE

## A QUELQUE CHOSE MALHEUR EST BON

### PAR MARIE ÉMERY

LIBRAIRIE DE J. LEFORT

IMPRIMEUR, EDITEUR

LILLE                    PARIS

rue Charles de Muyssart, 24      rue des Saints-Pères, 30

# LES DUBOURG

In-12.   3ᵉ série.

# Ouvrages contenant des Pièces

qui peuvent être représentées dans les maisons d'éducation.

## POUR LES JEUNES GENS :

**Drames** à l'usage des collèges et pensionnats. in-12. . 1 »
*Ce volume contient* : Jean ou l'Orphelin reconnaissant. – Ernest ou le Repentir. – Julien ou le Mensonge. – Henri. – Bastien. – Charles ou l'Enfant jaloux. – L'Epée. – Adolphe ou l'Arrogant puni. – Le Prix de sagesse.

**Nouveau Théâtre** des maisons d'éducation pour les jeunes gens. in-12. . . 1 »
*Ce volume contient* : L'Aîné de la famille. – La Main invisible. – Le Testament. – Bruno. – Deux Ecueils.

**Le Progrès des lumières**, suivi de : *Eleuthère* ou *la Chambre à louer*. in-18. . . » 30

**Chacun son métier.** in-18. » 30

**La Nuit porte conseil.** » 30

**On récolte ce qu'on a semé**, suivi de : *Vertu passe richesse.* in-18. . . . » 30

**Gustave et Arthur.** in-18. » 10

## POUR LES JEUNES PERSONNES :

**Théâtre des jeunes filles.** in-12. . . . 1 . »
*Ce volume contient* : Amélie ou la Jeune Institutrice. – Une Fête. – Martha. – Emma. – La Paresseuse , etc.

**Nouveau Théâtre** pour les jeunes personnes. in-12. . 1 »
*Ce volume contient* : La Gouvernante. – L'Epreuve. – La Femme du monde. – Les Dangers de l'indiscrétion , etc.

**Le Présent le plus agréable au Ciel**, suivi de Jenny, comédie, et de Marie , drame. in-12. » 75

**La Maîtresse du logis** , drame en deux actes. in-12. . » 50

**Ernestine** , ou Pour bien commander il faut savoir obéir, suivie de *Jacqueline.* in-12. . » 50

**Le Prix de sagesse.** in-12. » 30

**Une Fête** de village. in-18. » 30

**Geneviève**, ou les Bienfaits de la Providence. in-12. . » 20

**Rose et Lucie.** in-18. » 20

**La Duplicité** dévoilée. in-18. » 10

**L'Orgueil châtié.** in-32. » 10

## PIÉCES AVEC PERSONNAGES DES DEUX SEXES :

**Les Petits Joueurs** , suivis de *le Mensonge* et *la Paresse.* in-12. » 50
**Le Vase de fleurs**, suivi de *les Gourmands* et *la Susceptibilité.* » 50
**Ce que coûte un caprice.** in-12. . . . . » 30
**Trois Proverbes** : L'Humeur — Tout vient à point à qui sait attendre. — Chacun son métier. in-12. . . . . » 30
**Les Fraises** et le Petit Ramoneur. in-18. . . . » 30
**Nouveaux Essais dramatiques et moraux.** in-18. » 30
*Ce volume contient* : Le Charlatan. — Fanchette et Malvina.
**Qui vivra verra.** — Point de fumée sans feu. — Le Bouquet qui ne se flétrit pas. in-18. . . . : . . » 30
**Drames et Proverbes.** in-18. . . . . . » 30
*Ce volume contient* : Un Trait de bienfaisance de Mgr d'Apchon. — La Maîtresse de maison , proverbe. — Le Prix du temps.
**La Rosière.** in-12. . . . . . . » 20
**Un Bienfait n'est jamais perdu.** in-12. . . » 20
**L'Arbre de Noël.** in-18. . . . . . » 10
**La Machine à coudre.** in-18. . . . . » 10
**La Bague et la Levrette.** in-32. . . . . » 10
**L'Espion domestique.** in-32. . . . . » 10
**Un Bon Cœur** fait pardonner bien des fautes. in-32. . » 10

Prends garde que ce mauvais souhait ne
te porte malheur à toi même.

# LES DUBOURG

SUIVIS DE

# LE SOURD-MUET

ET DE

## A QUELQUE CHOSE MALHEUR EST BON

### PAR MARIE ÉMERY

QUATRIÈME ÉDITION

———

LIBRAIRIE DE J. LEFORT

IMPRIMEUR ÉDITEUR

**LILLE** | **PARIS**
rue Charles de Muyssart, 24 | rue des Saints-Pères, 30
1878

# LES DUBOURG

# PERSONNAGES :

ANTOINE DUBOURG, fermier, 45 ans.

JOSEPH DUBOURG, son cousin, 48 ans.

ÉTIENNE, fils d'Antoine, 23 ans.

BERNARD, fils de Joseph, 22 ans.

M. LECAUTELEUX, huissier, 35 ans.

FRANÇOIS *dit* L'INNOCENT, 25 ans.

PETIT-LOUIS, garçon de ferme, 18 ans.

*Paysans.*

———

La scène se passe dans un village du département de l'Oise,
dans la ferme de M. Antoine Dubourg.

# LES DUBOURG

## ACTE PREMIER

Le théâtre représente une grande pièce au rez-de-chaussée. — Ameublement rustique ; grands bahuts chargés de vieilles porcelaines. — Porte au fond et portes latérales. — A gauche des spectateurs, une table et des chaises.

## SCÈNE I

### ÉTIENNE *seul.*

*(Il se tient auprès de la porte, la tête un peu penchée en avant, comme quelqu'un qui écoute.)*

#### ÉTIENNE

J'ai beau écouter, je n'entends pas le signal. Est-ce que Bernard serait parti sans m'attendre ? mais non ; ce n'est pas possible ; il m'a bien dit qu'il sifflerait trois fois en sortant de la ferme, et je crois qu'il tient tout autant que moi à ce que nous fassions route ensemble. Nous avons maintenant si rarement l'occasion de nous voir, de nous parler! Oh! ce n'est plus comme autrefois, avant ce maudit procès. Nos pères étaient unis alors comme les deux doigts de la main, tandis que Bernard et moi nous ne faisions qu'un, toujours jouant, causant, riant, nous querellant parfois, mais de bonne amitié. Ah! l'heureux temps! Et dire qu'à présent Antoine et Joseph Dubourg sont devenus ennemis! Eux, des cousins-germains, presque des frères! Et pourquoi? je vous le demande. Pour un lopin de terre qui sépare nos champs, et qui ne vaut pas la dixième partie de l'argent qu'il a fallu compter à tous ces hommes de loi. Ah! sans ce boute-feu de Lecauteleux, et s'il n'avait pas constamment excité mon père contre son adversaire, les choses n'auraient pas été si loin, et nous serions encore heureux comme autrefois. Si j'étais le maître, tout cela finirait bientôt; je commencerais par jeter au feu les mémoires, les assignations, les....

# SCÈNE II

### Antoine DUBOURG, ÉTIENNE

ANTOINE, *entrant brusquement en scène*

Comment, tu n'es pas encore parti ?

ÉTIENNE

Je ne serais pas parti sans vous dire adieu, mon père, et vous demander vos derniers ordres.

ANTOINE

Il fallait venir me trouver, dans ce cas. Petit-Louis est là qui tient la *grise* par la bride, et la pauvre bête s'impatiente. Mais *les jeunes gens ont toujours le temps*. Le marché sera commencé, et tu vendras mal ton grain.

ÉTIENNE

Je vais partir sans plus tarder, mon père.

ANTOINE

C'est qu'il n'y a pas à dire, j'ai besoin d'argent, grand besoin ; à tout prix il faut vendre. Les hommes de loi, vois-tu, cela n'attend pas. Ah ! l'on a bien raison de dire : *que les plaideurs ont besoin de trois sacs : un sac d'argent, un sac de papiers et un sac de patience !*

### ÉTIENNE

Oui , mais le premier et le dernier s'épuisent,
tandis que le second se remplit.

### ANTOINE

C'est dur tout de même de perdre quand on a
pour soi si bon droit. Non-seulement on m'enlève
mon bien ; mais les frais encore qui tombent à ma
charge.

### ÉTIENNE

Il est certain que si vous n'aviez pas écouté ce
huissier de malheur, tous vos ennuis seraient terminés depuis longtemps.

### ANTOINE

Je t'entends venir : *un mauvais arrangement vaut
mieux qu'un bon procès*, n'est-ce pas ! (*Avec force :*)
Propos de niais ou de gens qui ne sont pas sûrs
de la valeur de leurs droits. Dis plutôt : si Joseph
Dubourg avait été un honnête homme, il se serait
rendu à l'évidence.

### ÉTIENNE

Mais puisque les juges vous ont donné tort.

### ANTOINE , *s'animant*

Qu'est-ce que cela prouve ? qu'ils n'ont rien
compris à mon affaire. D'ailleurs , *bon droit a*

*besoin d'aide.* Mais j'en appellerai devant un autre tribunal.

ÉTIENNE, *avec chagrin*

Là, c'est ce que je craignais.

ANTOINE, *avec force*

Oui, j'en appellerai, et je triompherai de la fraude, de l'injustice, fallut-il dépenser jusqu'à mon dernier écu, vendre ma dernière parcelle de terre. *C'est la fin qui couronne l'œuvre.* Et il ne sera pas dit que Joseph Dubourg l'ait emporté, lorsque mes droits sont mille fois mieux établis que les siens.

*(On entend siffler trois fois.)*

ÉTIENNE, *vivement.*

Adieu, mon père.

ANTOINE, *avec humeur.*

Est-ce que tu ne saurais causer un instant avec moi ?

ÉTIENNE

Pardon ; mais, comme vous le disiez tout à l'heure, la *grise* s'impatiente.

ANTOINE

Le beau malheur !

ÉTIENNE

Puis il se fait tard, le marché sera commencé.

### ANTOINE

Avoue plutôt que tu grilles de me quitter. *Dis-moi qui tu hantes, je te dirai qui tu es.* Tes affections ne sont plus ici, mon garçon.

### ÉTIENNE

Oh ! mon père !

### ANTOINE

Il y a longtemps que je m'en doute.

### ÉTIENNE, *tristement*

C'est bien dur ce que vous me dites-là.

### ANTOINE

Que veux-tu, on a des yeux pour voir (*on siffle encore trois fois au dehors*) comme des oreilles pour entendre. Or il y a des gens qui cherchent à m'enlever la tendresse de mon fils.

### ÉTIENNE, *vivement*

Vous ne le croyez pas, mon père ; non, vous ne le croyez pas ?

### ANTOINE

Je suis bien forcé de le croire.

### ÉTIENNE, *avec chaleur*

Jamais ! je vous l'atteste, ni le cousin Joseph ni Bernard....

ANTOINE

Je ne veux pas que tu prononces le nom de ces gens-là devant moi.

ÉTIENNE , *avec tristesse*

Puisque vous les accusez, laissez-moi les défendre. Jamais ils n'ont essayé de porter la moindre atteinte au respect, à l'attachement que je vous porte. Et d'ailleurs est-ce que cela serait possible ?

ANTOINE, *avec une colère concentrée*

Eh ! eh ! *Il ne faut jurer de rien. On n'est jamais trahi que par les siens.* (*Eclatant :*) Mais qu'ils y prennent garde à la fin, qu'on ne me pousse pas à bout ! Joseph Dubourg , il t'arrivera malheur ; oui , à toi comme à ton écervelé de fils.

ÉTIENNE , *joignant les mains.*

Oh ! mon père , ce n'est pas un souhait que vous formez ?

ANTOINE

Et pourquoi non , s'il vous plaît ?

ÉTIENNE

Vous les aimiez tant autrefois !

ANTOINE

Depuis lors il y a de l'eau passée sous le pont. Et

d'ailleurs ils le méritent bien, en vérité. Des in-
grats, des envieux, intéressés, jaloux, de mauvaise
foi, qui m'ont trompé, volé. Mais bientôt, bientôt : *Il n'est chance qui ne retourne.*

---

## SCÈNE III

*Les précédents ;* PETIT-LOUIS

#### PETIT-LOUIS

M'sieu Etienne, est-ce qu'il faut dételer la *grise ?*
Je ne puis plus la tenir, voyez-vous, cette bête,
surtout depuis qu'elle a vu passer Colette, la jument à m'sieu Joseph Dubourg ; elle fait des sauts
à casser le timon, quoi !

#### ÉTIENNE

Je viens.

#### PETIT-LOUIS

Faut pas dételer, alors ?

#### ANTOINE

Laisse-nous tranquilles. Ce garçon-là est aussi
bête qu'il est grand.

#### PETIT-LOUIS

Ce n'est pas ma faute, si j'ai cinq pieds six

pouces ; ils m'ont tous porté malheur en m'appelant Petit-Louis. Est-ce que vous m'emmènerez à Pontoise, m'sieu Etienne ?

ÉTIENNE, *vivement*

Je n'ai pas besoin de toi.

ANTOINE, *à part*

C'est juste ; cela le gênerait pour causer avec Bernard. (*Haut :*) Il me prend l'envie d'aller moi-même au marché,

ÉTIENNE, *tristement*

Comme il vous plaira, mon père.

ANTOINE

Ces petits voyages sont une corvée pour toi.

ÉTIENNE, *vivement*

Je suis heureux, du moins, de vous l'épargner, et si vous n'avez pas d'autre raison ?...

ANTOINE, *avec ironie*

Je connais ton dévouement. Puis, Colette et la *grise* marchent volontiers de compagnie.

(*Etienne baisse la tête, et Antoine hausse les épaules avec colère.*)

PETIT-LOUIS

Alors j'vas chercher la carriole ?

**ANTOINE**

De quoi te mêles-tu, toi? Attends qu'on te donne des ordres avant de parler. (*A Etienne :*) Il faut que j'aille d'abord au village où j'ai affaire. Dans un quart-d'heure je serai de retour.

ÉTIENNE, *tristement*

Je vais me mettre à l'ouvrage alors.

ANTOINE, *à part*

Le pauvre garçon! il en pleurerait s'il l'osait.

(*On entend chanter au dehors.*)

**PETIT-LOUIS**

Tiens, c'est l'Innocent; il y a longtemps qu'on ne l'avait vu.

**ANTOINE**

Que vient-il faire par ici, cet oiseau de mauvais augure ?

**PETIT-LOUIS**

Vous avez bien raison, not'maître, et par-dessus le marché encore un fainéant qui a l'air d'être idiot. Mais c'est pure paresse afin de ne pas travailler. Je m'y connais, allez.

ANTOINE

En paresse, j'en réponds ; tandis que François est un pauvre garçon, après tout, qui, s'il manque d'intelligence, ne manque pas d'honnêteté. Tu lui feras donner à déjeuner, Etienne.

ÉTIENNE, *rêveur*

Oui, mon père.

ANTOINE

Où sont tes esprits ? on dirait que tu dors debout.

ÉTIENNE

Moi ?

ANTOINE, *à part*

Je m'en vais, parce que, après tout, sa peine me touche. *Qui aime bien, tard oublie.* (*Haut :*) Je reviens à l'instant.

(*Au moment où il va pour sortir, il se rencontre à la porte avec François, et le pousse un peu pour se faire place.*)

## SCÈNE IV

### ÉTIENNE, PETIT-LOUIS, FRANÇOIS

*(Etienne est assis près de la table et se soutient
le front avec la main.)*

FRANÇOIS

Bonjour, m'sieu Etienne, la compagnie.

PETIT-LOUIS, *l'interrompant*

La compagnie, imbécile ! tu vois bien qu'il n'y
a que moi. (*A part :*) Je ne suis pas fâché de pouvoir me servir à mon toür de ce mot d'imbécile
qu'on me jette si souvent à la tête.

FRANÇOIS

Beau temps, m'sieu Etienne, pour aller à Pontoise.

ÉTIENNE

Oui ; mais je n'y vais pas....

FRANÇOIS, *interrompant*

Aussi y en a-t-il de ces voitures sur la route !
C'est un plaisir de les voir, et on crie et on chante.
(*D'un ton calin :*) Dites donc, m'sieu Etienne, si
vous avez besoin de quelqu'un pour tenir quelque-
fois la bride de la *grise*, vous penserez au pauvre
François.

PETIT-LOUIS

Puisque m'sieu Etienne t'a dit qu'il n'irait pas à
Pontoise ; d'ailleurs je me suis déjà préparé, maître
François, et j'suis de la maison, moi.

ÉTIENNE

Je n'ai besoin ni de l'un ni de l'autre, puisque
c'est mon père qui ira au marché. Adressez-vous à
lui. Veux-tu déjeuner, François ?

FRANÇOIS

Bien obligé, m'sieu Etienne ; j'ai déjà déjeuné
deux fois aujourd'hui.

PETIT-LOUIS

Est-il heureux, ce gaillard-là !

ÉTIENNE

Eh bien, tu dîneras à la ferme.

FRANÇOIS

M'sieu Bernard, vot' cousin, m'a fait donner
du pain, du fromage et du cidre au *Cerf blanc*.
Vous connaissez bien le *Cerf blanc ?*

PETIT-LOUIS

C'est pas moi qui aurais tant de bonheur.

ÉTIENNE, *vivement, mais à voix basse*

Est-ce Bernard qui t'a envoyé ici ?

FRANÇOIS, *très-haut*

M'sieu Bernard, je l'ai laissé là-bas près du chemin *des Quatre bras*, où il paraissait joliment
s'amuser, allez.

ÉTIENNE, *vivement*

Va le trouver, et tu lui diras qu'il ne m'attende
pas, que j'ai changé d'avis, que mon père.... Non,
dis-lui seulement de ne pas m'attendre.

PETIT-LOUIS

Si c'était un effet de vot' bonté de m'envoyer
plutôt.

ÉTIENNE

Laisse donc ; et pourquoi n'es-tu pas à ta be-
sogne ? (*Petit-Louis fait quelques pas en arrière.*)
(*A François :*) Tu vas courir auprès de Bernard, et
si tu fais bien ta commission, je te récompenserai.

FRANÇOIS

Vous pourriez me payer d'avance, allez. (*Au
moment où François va pour sortir, Bernard paraît.*)
Il avait bien besoin d'arriver, celui-là, pour me
faire perdre ma récompense !

PETIT-LOUIS

Hein, pour un innocent! Quand j'dis qu'il n'est
pas plus innocent que moi ; mais patience, patience.

ÉTIENNE, *à Bernard*

Toi ici ! quelle imprudence ! (*A Petit-Louis et à François :* ) Laissez-nous, vous autres.

---

## SCÈNE V

### ÉTIENNE, BERNARD

#### BERNARD

Il y a près d'une heure que j'attendais, et ma patience était à bout. Que faisais-tu ici, tandis que je me morfondais ?

#### ÉTIENNE

Ne m'en veux pas, je souffrais plus que toi. Mon père a résolu d'aller lui-même au marché. Ainsi pars sans moi ; car je ne voudrais, pour rien au monde, qu'il te rencontrât sous son toit.

#### BERNARD

Sois tranquille ; avant de m'y aventurer, j'ai vu le cousin Antoine qui se dirigeait vers la maison de ce maître en friponneries qui a nom Lecauteleux, et alors je suis accouru ; car de toute façon il fallait que je te parlasses. Sais-tu que ces malheureuses divisions, loin de toucher à leur fin, vont recommencer de plus belle ? que ce mauvais génie d'huissier se vante partout qu'il a décidé ton père à en appeler ?

ÉTIENNE

Hélas ! je crains qu'il ne dise que trop vrai.

BERNARD

Mais c'est votre ruine, mon pauvre ami, et de procès en procès tout ton héritage y passera.

ÉTIENNE

Je le sais, et ce n'est pas cela, vois-tu, qui me chagrine le plus. Si je ne fais plus valoir nos propres terres, nous ferons valoir celles des autres. Mais je ne puis me résigner au changement qui s'est fait dans le caractère de mon pauvre père, autrefois si juste, si bon. Maintenant il est toujours sombre, irrité, mécontent de lui et des autres. Il repousse mes prières, mes soins, mon affection ; puis il me reproche de ne plus l'aimer, de prendre plutôt votre parti que le sien, de préférer vos intérêts aux nôtres. Que sais-je, enfin ? Il est devenu méconnaissable, et moi bien malheureux.

BERNARD

Je m'étais flatté d'une réconciliation prochaine, parce que mon père, vaincu par mes sollicitations,

avait promis de faire les premiers pas lorsque ces
bruits d'appel sont venus tout gâter. (*S'animant :*)
Mais il faut que cela finisse pourtant ; est-ce que les
Dubourg peuvent rester éternellement ennemis ! tout
le pays en est scandalisé. Quand on m'en parle, cela
me met hors de moi, et je finirai par faire quelque
sottise. (*Avec colère :*) Ah ! M. Lecauteleux, vous
agissez dans l'ombre comme le serpent, et puis
ensuite vous jetez votre venin sur d'honnêtes gens
que vous désunissez, que vous ruinez, que vous
tourmentez de cent façons différentes....

ÉTIENNE

Tais-toi, donc, on va t'entendre.

BERNARD

Eh bien, tant mieux ; est-ce que je n'ai pas dit la
vérité ?

ÉTIENNE

Mais à quoi bon t'emporter ainsi ?

BERNARD , *même ton*

Si cet homme-là, vois-tu, avait récolté autant
de coups de bâton qu'il a semé de mauvais con-
seils, il ne pourrait plus porter le trouble et la
discorde dans les familles.

(*On entend une voix au dehors qui dit :*)
C'est bon, c'est bon, mon garçon, ne vous dé-

rangez pas ; si M. Dubourg n'est pas là, je l'atten-
drai.

BERNARD

Mais je ne me trompe pas , c'est lui.

ÉTIENNE

Que nous veut-il encore ?

BERNARD

Il ne pouvait venir plus à propos.

ÉTIENNE, avec inquiétude

Que prétends-tu faire ?

BERNARD

Le traiter selon ses mérites.

ÉTIENNE , avec force

Bernard, pas de violences, je t'en prie.... Songe
donc que mon père peut revenir d'un instant à
l'autre ; et s'il te trouvait ici ?

BERNARD

Eh bien ?

ÉTIENNE

Pars à l'instant, je t'en supplie.

BERNARD

C'est-à-dire que tu me chasses ?

ÉTIENNE

Du moins sois calme, sois prudent avec cet
homme.

**BERNARD**

Tu seras content de moi.

(*Lecauteleux paraît.*)

---

## SCÈNE VI

*Les précédents;* LECAUTELEUX

(*En apercevant les deux jeunes gens, Lecauteleux fait un mouvement comme s'il voulait se retirer; mais il paraît se raviser et s'avance vers eux.*)

LECAUTELEUX, *d'un ton patelin*

Ces chers enfants! quel plaisir pour moi de les voir ensemble, tandis que les mauvaises langues du pays, et il y en a tant, assuraient que vous n'étiez pas moins animés l'un contre l'autre que vos pères. Etienne et Bernard Dubourg, disais-je; mais c'est impossible, eux qu'on a toujours cités comme des modèles d'amitié, Castor et Pollux, enfin!

BERNARD, *bas à Étienne*

Le misérable! et tu m'empêcherais encore de châtier son insolence?

ÉTIENNE, *de même*

Tais-toi, donc. (*Haut :*) Je ne connais ni Castor

ni Pollux ; mais je sais que nous devons nous aimer
et ne pas faire aux autres ce que nous ne voudrions
pas qu'on nous fît.

BERNARD , *avec une colère concentrée*

M. Lecauteleux, vous qui êtes un homme érudit,
dites-nous donc quel nom on doit donner à un
homme qui souffle alternativement le froid et le
chaud selon ses intérêts, à qui pour s'enrichir
tous les moyens paraissent bons, qui fait de ses
amis autant de dupes et de victimes, enfin dont la
présence dans un pays est une véritable calamité ?

LECAUTELEUX

Je veux croire, mon cher enfant, que l'original
d'un tel portrait n'a jamais existé.

BERNARD

Vous ne vous êtes donc jamais regardé ?

LECAUTELEUX , *avec une feinte gaieté*

Toujours facétieux, ce Bernard.... Mais ce bon
M. Dubourg ne revient donc pas ?

BERNARD

Est-ce que vous êtes déjà las de notre société,
M. Lecauteleux ?

LECAUTELEUX

Non, certainement ; mais les affaires, les affaires ;

voyez-vous, jeunes gens, je suis esclave de mes
affaires.

BERNARD

Tant pis pour vos clients.

LECAUTELEUX

Vous m'en voulez peut-être de ces malheureuses
discussions ? mais croyez bien que personne n'en
gémit plus que moi.

BERNARD

Voyez donc la calomnie ; on prétendait que....

ÉTIENNE, *lui posant une main sur le bras*

Tais-toi, donc. (*A Lecauteleux :*) Je crois que
vous auriez tort d'attendre mon père, monsieur ; il
se propose d'aller au marché.

BERNARD, *repoussant Étienne*

Pourquoi alors veux-tu me priver du plaisir que
j'éprouve à causer avec un homme aussi savant,
aussi honnête que M. Lecauteleux ?

LECAUTELEUX, *à part*

J'aurais mieux fait de ne pas entrer. (*Haut :*) Ces
malheureuses questions d'intérêt brouillent souvent
les familles, et il serait injuste de me rendre res-
ponsable des troubles qui ont surgi dans la vôtre,
lorsque j'ai tout fait au contraire pour les prévenir.

BERNARD, *à Etienne*

Et tu peux entendre cela et rester calme ; mais tu n'as pas de sang dans les veines ?

LECAUTELEUX

Quand le vôtre sera moins bouillant, mon cher enfant, vous apprendrez à vous défier des jugements précipités.

BERNARD, *avec emportement*

Ne m'appelez pas votre enfant, monsieur ; grâce au Ciel, je ne vous appartiens à aucun titre.

LECAUTELEUX

Je ne saurais supporter un pareil langage plus longtemps.

ÉTIENNE

Mon cousin a tort, M. Lecauteleux.

BERNARD *avec force*

Tu me donnes tort ?

ÉTIENNE

Oui, de t'emporter comme tu le fais. Il ne suffit pas toujours d'avoir raison au fond, si l'on pèche par la forme. M. Lecauteleux, vous avez un grand empire sur mon père, c'est là un fait incontestable ; quant à la manière dont vous en avez usé jusqu'à présent, je doute que votre conscience puisse l'approuver.

**BERNARD**

Si tu t'imagines qu'un pareil homme a une conscience.

**ÉTIENNE**, *à Bernard*

Ne m'interromps plus, je t'en prie. (*A Lecauteleux :*) Et si vous le vouliez, je suis fermement persuadé que vous pourriez mettre fin à ces débats si pénibles, à ces procès qui nous ruinent.

**BERNARD**

Oui ; agissez en honnête homme enfin, *une fois n'est pas coutume*, comme dirait le cousin Antoine.

**LECAUTELEUX**, *avec colère*

Monsieur ! c'en est trop, à la fin.

**ÉTIENNE**, *à Bernard*

Tu es insupportable !

**BERNARD**

C'est que cela m'enrage de te voir prier un tel misérable.

**LECAUTELEUX**

Ceux qui parlent ainsi auront à s'en repentir, je leur apprendrai ce qu'il en coûte d'insulter un homme comme moi ; vous me rendrez raison de vos outrages, Bernard Dubourg, et cela plus tôt que vous ne le croyez peut-être.

#### BERNARD

A la bonne heure donc, je vous reconnais là,
maître. C'est qu'en vérité le rôle de bon homme
que vous voulez prendre ne vous va pas : le loup a
beau changer de peau, on le reconnaît toujours.
Est-ce un procès que vous allez m'intenter, M. Lecauteleux ? Je vous préviens d'abord que soit que je
le gagne ou que je le perde, ce seront vos épaules
qui paieront les frais ; je ne prends personne en
traître, moi.

#### LECAUTELEUX

Vous aurez de mes nouvelles avant qu'il soit
longtemps. Sans adieu, jeunes gens.

#### ÉTIENNE, *retenant Bernard qui veut suivre l'huissier*

Tu ne seras donc jamais ni prudent ni raisonnable ! Voilà qui avance bien nos affaires, n'est-ce
pas ?

#### BERNARD

En vérité, j'admire ton sang-froid.

#### ÉTIENNE

Et moi je blâme de toutes mes forces ton imprudence, ta violence, qui ne peuvent manquer d'avoir
de fâcheux résultats.

# SCÈNE VII

*Les précédents ;* PETIT-LOUIS, *accourant*

PETIT-LOUIS

M. Bernard, sans vous commander, voilà l'maître qui revient.

ÉTIENNE, *vivement*

Pars, pars à l'instant.... Mais de quel côté ?

PETIT-LOUIS, *qui va regarder à la porte*

Il ne peut plus s'échapper.

BERNARD

Le cousin ne me mangera pas, après tout.

ÉTIENNE, *fort troublé*

Non ; mais il te mettra à la porte. Que faire ? Entre ici (*il lui montre une porte à gauche*) dans ma chambre ; mon père ne peut tarder à partir pour Pontoise, et tu ne seras pas longtemps prisonnier. (*Il cherche à entraîner son cousin.*)

BERNARD

Mais moi aussi je dois partir....

ÉTIENNE

Bernard, je t'en supplie.

BERNARD

Allons ; mais tâche que ce ne soit pas trop long,
au moins.

PETIT-LOUIS

V'la m'sieu Dubourg.

(*Bernard entre dans la chambre, dont Étienne
ferme vivement la porte.*)

## SCÈNE VIII

### ANTOINE, ÉTIENNE, PETIT-LOUIS

ANTOINE, *sans regarder son fils ni Petit-Louis*

Impossible de rencontrer Lecauteleux, et cependant il faut absolument que je lui parle : *Un homme
averti en vaut deux ;* et si ce que l'on m'a dit est
vrai... D'ailleurs *un bon avis ne nuit jamais,* et
*prudence est mère de sûreté.* (*Apercevant son fils :*)
Décidément, Etienne, je n'irai pas au marché, tu
peux partir.

ÉTIENNE, *avec embarras*

Comment, mon père....

ANTOINE

Oui, j'ai affaire ici ; mais ne perds pas une mi-

Dute, *temps perdu ne se rattrape jamais*, et tu devrais déjà être en route.

ÉTIENNE

Sans doute, mon père ; mais je croyais que....

ANTOINE

Que j'irais moi-même ; mais j'ai changé d'avis. (*A Petit-Louis :*) La carriole est prête ?

PETIT-LOUIS

Il y a longtemps !

ANTOINE

Va la chercher, et tu la conduiras devant la porte.

PETIT-LOUIS

Oui, not' maître. (*A part :*) Je suis curieux de voir par quel moyen ils se tireront de là. (*Il sort.*)

ÉTIENNE, *à part*

Comment faire pour délivrer Bernard ? (*Haut :*) Vous ne voulez pas voir, mon père, si tout est en bon état, si la *grise* est bien enharnachée ?

ANTOINE, *avec surprise*

A quoi bon ?

ÉTIENNE, *avec embarras*

Mais je ne sais ; une idée qui m'était venue.

ANTOINE, *à part*

Qu'est-ce qu'il a donc? Ah! je comprends, maintenant que Bernard est loin, il aimerait tout autant
être dispensé d'aller au marché.

PETIT-LOUIS, *entrant*

La carriole est à la porte.

ÉTIENNE, *avec humeur*

C'est bien, c'est bien.

ANTOINE

Qu'est-ce que tu attends?

ÉTIENNE

Vous êtes sûr de ne plus rien avoir à me dire,
mon père?

ANTOINE

*De marchand à marchand, il n'y a que la main;*
enfin tu feras pour le mieux. (*Etienne regarde
d'un côté et d'autre d'un air indécis.*) Eh bien, tu
ne t'en vas pas?

ÉTIENNE

Si, mon père. (*A part :*) Quel supplice!...
(*On entend siffler au dehors.*) Mais je ne me
trompe pas, c'est Bernard! Comment aura-t-il fait?

PETIT-LOUIS, *à demi-voix*

Quand on ne peut passer par la porte, on passe par la fenêtre.

ÉTIENNE, *vivement*

L'imprudent ?

ANTOINE

Qu'est-ce que tu dis ?

ÉTIENNE

Que je m'en vais, mon père ; adieu. (*Etienne sort rapidement, et son père le suit.*)

---

# SCÈNE IX

## PETIT-LOUIS, *seul*

(*Il reste un moment silencieux et la tête baissée.*)

PETIT-LOUIS

Oui, plus j'y pense et plus cela me va. Après tout qu'est-ce que je risque ? Le plus difficile de l'affaire c'est de commencer. Quand je vois ce François, un gaillard qui est heureux comme un coq en pâte ! personne ne le rebute ; il va déjeuner par-ci, dîner par-là ; ne fait rien le matin, repose l'après-

midi ; s'il veut dormir tout le jour dans la grange,
on l'y laisse ; si au contraire son goût est de courir,
rien ne l'en empêche ; *l'Innocent* est connu à six
lieues à la ronde , et partout il trouve son pain cuit.
C'est une vie de cocagne , ça , et j'veux en goûter.
Le plus important c'est de bien commencer ; comment m'y prendre ? (*Il se frotte le front.*) Je sais
bien que j'ai déjà fait aujourd'hui un bon tour ; j'ai
doublé la ration d'avoine de la *grise,* et pour sûr
qu'elle fera quelques petites farces ; puis je dirai
alors, semblant de rien , que c'est peut-être ma
faute ; mais que je n'ai pas agi par malice ni mé-
chanceté, que je ne savais pas. (*Une courte pause.*)
Si François voulait m'aider ? c'est une idée ça. Oui,
mais il ne voudra pas , de peur de la concurrence,
comme ils disent à la ville. C'est égal, je vas
tâcher.... Quoiqu'il ne soit pas si innocent qu'il
veuille le paraître, j' suis plus malin que lui toujours. Justement j'l'entends. Il n'a qu'à bien se
tenir, j'vas joliment l'entortiller.

# SCÈNE X

## PETIT-LOUIS, FRANÇOIS

PETIT-LOUIS

J'te croyais sur la route de Pontoise, l'innocent !

FRANÇOIS

Ça ne tardera pas. M'sieu Etienne est parti ?

PETIT-LOUIS

Sans doute.

FRANÇOIS

J' monterai derrière quelque voiture sans qu'on me voie.

PETIT-LOUIS, *d'un air calin*

Dis donc, François, j'ai toujours été ton ami, pas vrai ?

FRANÇOIS

Eh ! eh !

PETIT-LOUIS, *s'emportant*

Comment, ingrat, tu oses dire que je n'ai pas souvent pris ton parti, que je ne t'ai pas aidé toutes les fois que j'ai pu ?

FRANÇOIS

Ta, ta, ta. Le jour que je passai auprès de la

mare du père Blanchard et que le pied m'a fourché, tu m'as poussé dedans, je me le rappelle.

PETIT-LOUIS, *à part*

A-t-il une mémoire ! (*Parlant vite :*) Eh bien,
qu'est-ce que je disais ? je t'ai toujours aidé ; cette
fois-là, tu étais en train de tomber dans la mare ; je
t'ai aidé, où est le mal ? Je pensais, moi, que
c'était ton envie de te baigner dans la mare ; si
j' me suis trompé, erreur n'est pas compte, mon
intention était bonne.

FRANÇOIS

Et quand j'ai crié, pourquoi tu t'es enfui ?

PETIT-LOUIS, *se grattant l'oreille*

Ah ! oui, voilà pourquoi j'me suis enfui ; suis
bien mon raisonnement, François. Je me suis dit :
Il n'y a pas assez d'eau pour qu'il se noie ; mais
peut-être le froid l'a un peu saisi, ce qui n'empêche
pas que son bain dans la mare lui fera beaucoup de
bien. M' comprends-tu ?

FRANÇOIS

Oui.

PETIT-LOUIS

Ainsi, si j' te demandais un service, tu ne ferais
pas le sourd ?

FRANÇOIS

Non.

PETIT-LOUIS

Oui, non ! il n'est pas engageant, c'est égal.
V'là l'affaire.

FRANÇOIS

Dis toujours, pendant que j'vas faire un tour à
Pontoise, j' te répondrai en revenant. (*Il sort.*)

PETIT-LOUIS

Ah bien, par exemple ! c'est un peu fort.

---

## SCÈNE XI

Antoine DUBOURG, PETIT-LOUIS

ANTOINE, *sans voir Petit-Louis*

Tout bien calculé, Etienne me rapportera au
moins huit cents francs, et avec cette somme je
satisferai toujours les plus pressés.... et comme dit
le proverbe : *Il vaut mieux aller se coucher sans
souper que de se lever avec des dettes.* C'est que
depuis longtemps que ce procès dure, il n'y a pas à
dire, je me ruine petit à petit. Mais patience; ce
bonheur-là, M. Joseph Dubourg, ne vous suivra
pas toujours ; *toute médaille a son revers.* A vous la

première partie, à moi la seconde; et je suis curieux de voir comment vous saurez parer ce coup
que je vous prépare. (*Apercevant Petit-Louis :*)
Que fais-tu là, toi?

PETIT-LOUIS

Dame, m'sieu, j'écoute.

ANTOINE, *avec colère*

Et tu oses en convenir, insolent?

PETIT-LOUIS

Innocent! dites donc innocent.

ANTOINE

Est-ce que tu crois que je te paie et te nourris
pour rester les bras croisés?

PETIT-LOUIS, *résolûment*

Cela viendra peut-être.

ANTOINE

A-t-on jamais vu un pareil imbécile?

PETIT-LOUIS

Innocent, s'il vous plaît, not' maître; qu'est-ce
que cela vous coûterait, voyons, de dire innocent?

ANTOINE

Il impatienterait un saint.

**PETIT-LOUIS**

Ah ! vous en verrez bien d'autres, allez.

**ANTOINE**

Je crois vraiment que ce grand fainéant-là commence à perdre la tête.

**PETIT-LOUIS**, *avec joie*

Vous vous en apercevez donc ? Quelle chance !
Maintenant mon affaire est faite.

**ANTOINE**

Va travailler, et ne m'échauffe pas davantage les
oreilles. (*Levant le bras :*) Tu sais : *Qui aime bien
châtie bien.*

**PETIT-LOUIS**

Oui ,  m'sieu.

**ANTOINE**

Pourquoi ne m'obéis-tu pas , alors ?

**PETIT-LOUIS**

Je réfléchis.

**ANTOINE**

As-tu juré de me pousser à bout ?

**PETIT-LOUIS**

Vous n'avez pas de patience non plus, et avec
vous un honnête garçon ne peut se faire un état.

## ANTOINE

Je m'en vais, car tu me ferais sortir de mon caractère ; *et quand l'homme est en colère, il a le diable au corps.*

## PETIT-LOUIS, *à part*

C'est égal, j'ai toujours commencé, et il faudra bien qu'il s'y habitue.

FIN DU PREMIER ACTE

# ACTE SECOND



## SCÈNE I

### ANTOINE, *seul*

*Il est assis près de la table et le front appuyé
sur la main.)*

**ANTOINE**

Je ne sais ce qui peut retenir Lecauteleux ; on a
dû lui dire cependant que j'avais été chez lui.
Quand il n'est pas là pour me rassurer sur l'issue
de ce nouveau procès, j'hésite, j'ai peur. Que de
bons écus cela m'a déjà coûtés ! et que de soucis,
de tourments, de nuits sans sommeil ! D'un autre
côté, Étienne est si triste qu'il en est devenu tout
pâle et tout maigre, le pauvre garçon ! Il est vrai
que ce n'est pas la perte de notre procès qui le
tarabuste le plus, car cet enfant-là ne saurait pas
défendre ses intérêts, et si je n'étais pas là, le cousin

Joseph et M. Bernard, *qui est bien le fils de son père*, le plumeraient comme un pigeon. Mais *ce n'est pas à un vieux singe qu'on apprend à faire des grimaces. Il faut savoir au besoin coudre la peau du renard à celle du lion.* Ah ! il viendra un moment où ils me paieront tout le chagrin que j'ai eu depuis tantôt deux ans. (*Se levant :*) Je les ai aimés pourtant, oui, je les ai aimés plus qu'ils ne le méritaient, mais cela m'est si bien passé que si je voyais soit Joseph Dubourg, soit son fils Bernard près de périr, et qu'il fallût seulement leur tendre la main pour les sauver, je ne la leur donnerais pas. (*S'animant :*) Non, non, mille fois non, je détournerais la tête, car ils sont moins pour moi que le dernier vagabond du pays.

----

# SCÈNE  II

**ANTOINE,  PETIT-LOUIS**, *accourant précipitamment.*

**PETIT-LOUIS**

M'sieu, m'sieu Dubourg !

**ANTOINE**

Eh bien, qu'est-ce qu'il y a ? le feu n'est pas à

la maison ? Cet imbécile-là arrive toujours comme un ouragan.

**PETIT-LOUIS**

Je croyais devoir vous prévenir, moi ; mais si vous ne voulez rien savoir, prenez que je n'ai rien dit.

**ANTOINE**

Voyons, que me veux-tu ?

**PETIT-LOUIS**

Je ne tiens pas à parler, dame ! ce que j'en faisais c'était pour vous rendre service.

**ANTOINE**

T'expliqueras-tu, à la fin ?

**PETIT-LOUIS**

On peut dire que vous êtes un maître difficile à contenter. Enfin, m'sieu, il y a là quelqu'un qui demande à vous voir, et je vous défierais bien de deviner qui, allez.

**ANTOINE**

Fais entrer, et laisse-moi tranquille.

**PETIT-LOUIS**

Eh bien, ma fine, si c'est une sottise, on ne pourra toujours pas dire que c'est moi qui l'ai faite.

*(Il sort )*

# SCÈNE III

### ANTOINE, JOSEPH DUBOURG, PETIT-LOUIS

*En voyant entrer Joseph , Antoine fait un brusque
mouvement en arrière.*

#### PETIT-LOUIS

J'ai dit à M. Joseph Dubourg, m'sieu, que vous
vouliez bien le recevoir. (*A part :*) J'vas joliment
m'amuser.

#### ANTOINE, *d'un ton de colère à Petit-Louis*

Si tu ne vides les lieux sur-le-champ, toi, je te
jette à la porte.

#### PETIT-LOUIS

Pour être toujours traité comme cela, j'aime
autant m'en aller tout de suite.

#### ANTOINE

Eh bien, va-t-en, et tu auras fait preuve d'esprit
au moins une fois de ta vie.

#### PETIT-LOUIS

Non, m'sieu, je n'ai pas d'esprit, et tout le
village en témoignera au besoin ; c'est très-mal ce
que vous dites là, à l'effet d'empêcher un pauvre
garçon de s' faire une position et d'avoir son pain
cuit pour l' reste de ses jours.

ANTOINE

Mais c'est qu'en vérité je crois qu'il ne lui reste
plus un grain de bon sens dans la tête.

PETIT-LOUIS, *d'un ton joyeux*

A la bonne heure donc, voilà qui est parler.
Dites-le bien haut, m'sieu, dites-le à tout le monde,
allez, et vous n'obligerez pas un ingrat.

JOSEPH, *avec un peu d'impatience*

J'étais venu pour vous parler d'affaires, M. Dubourg.

PETIT-LOUIS

Ah ! bien, ne vous gênez pas, allez, ce n'est pas
dangereux un innocent comme moi.

ANTOINE, *d'un air menaçant*

T'en iras-tu, à la fin ?

PETIT-LOUIS, *se sauvant*

C'est égal, mon affaire est joliment avancée.

————

# SCÈNE  IV

*Les précédents, excepté Petit-Louis*

ANTOINE, *avec une colère concentrée*

Si je m'attendais à une visite, ce n'était pas

certes à la vôtre, M. Joseph Dubourg; et peut-être
qu'avant de passer le seuil de ma porte, il aurait
mieux valu vous informer si je consentirais à vous
recevoir.

JOSEPH, *avec un grand calme*

C'eût été courir le risque d'un refus, et je n'en
voulais pas.

ANTOINE

Eh bien, supposez que vous l'avez reçu.

JOSEPH, *haussant les épaules*

Avant de venir ici, Antoine, j'ai pris la bonne
résolution de ne m'offenser de rien; d'ailleurs des
injures ne sont pas des raisons, comme vous disiez
autrefois, et je suis bien décidé à ne pas y répondre;
ce serait donc de votre côté comme si vous vouliez
vous battre tout armé contre un homme qui ne le
serait pas.

ANTOINE, *avec ironie*

Vous avez trop d'esprit pour moi, M. Joseph,
pour moi qui ne suis qu'un grossier paysan. *Il ne
faut pas semer des perles devant les pourceaux.*

JOSEPH, *souriant*

Si vous vous lancez dans les proverbes, Antoine,
je crois que c'est bon signe.

**ANTOINE,** *avec irritation*

Au fait, monsieur, au fait ! car si cette entrevue devait se prolonger, je ne répondrais pas de ma patience.

**JOSEPH**

Eh bien, est-il vrai, cousin, que vous vouliez m'intenter un second procès ?

**ANTOINE**

Je vous défends d'abord de m'appeler cousin ; j'ai appris à vous juger, M. Dubourg, et je sais aujourd'hui *qu'un bon ami vaut mieux que cent parents comme vous.*

**JOSEPH**

Et ce bon ami est sans doute Lecauteleux, cet agent de discorde, qui a trouvé le moyen, depuis qu'il est arrivé dans le pays, de brouiller la moitié des habitants avec l'autre moitié.

**ANTOINE**

Cela me regarde seul.

**JOSEPH**

Soit. Mais voici du moins un point qui nous concerne tous les deux : Est-il vrai, Antoine, que vous ayez résolu d'en appeler encore devant de nouveaux juges ?

ANTOINE, appuyant sur chacune de ses<br>paroles

Vous le saurez quand il en sera temps.

JOSEPH

Ce n'est pas là répondre en homme raisonnable et qu'on interroge loyalement. Il serait bien temps d'en finir cependant avec toutes ces chicanes qui font gloser sur nous, tandis que des intrigants s'enrichissent à nos dépens. Est-ce donc bien agréable d'avoir de la haine au cœur ? Fi d'un pareil hôte ! Moi d'abord je ne dors plus, ne mange plus, et cela devient intolérable.

ANTOINE

Il faut en finir. Voilà qui est facile à dire quand tout vous a réussi ; *les conseilleurs ne sont pas les payeurs.* Moi je dis : *il faut puiser quand la corde est au puits.* Et d'ailleurs, avant de le prendre de si haut et de traiter les autres d'intrigants, il serait bon de s'examiner un peu, et de se demander si l'on n'a pas fait *intriguailler* auprès des juges afin de surprendre leur bonne foi. J'en connais, moi, de ces gens-là, qui, s'ils n'avaient pas agi traîtreusement, auraient perdu leur procès ; et vous pouvez le leur dire de ma part, entendez-vous, M. Joseph Dubourg ?

**JOSEPH**

C'est une calomnie, une calomnie inf...; mais
non, je veux être calme; ce n'est pas vous qui
parlez, Antoine, mais une colère aussi déraison-
nable qu'elle est injuste.

**ANTOINE**

Enfin qu'êtes-vous venu faire ici? car je n'ai pu
encore le deviner....

**JOSEPH**

D'abord vous supplier, dans votre propre intérêt,
dans celui de ce bon Etienne, que mon fils et moi
aimons de tout....

**ANTOINE**, *interrompant brusquement*

Il n'a que faire de votre amitié.

**JOSEPH**

Je sais, moi, qu'il y tient.

**ANTOINE**, *avec fureur*

Je le renierais pour mon fils....

**JOSEPH**

Et savons-nous dans ce monde de qui nous n'aurons jamais besoin? connais-tu l'avenir?

**ANTOINE**

Je vous répète que ni mon fils ni moi ne nous
servirons de vous.

### JOSEPH

Parle pour toi seul, fou obstiné.

### ANTOINE

Encore une fois, au fait, monsieur, et que cet entretien finisse, il a déjà duré trop longtemps.

### JOSEPH

Heureusement que j'avais fait une ample provision de patience ; mais je crois qu'elle commence à s'épuiser.

### ANTOINE

La mienne l'est depuis longtemps ; ainsi soyez bref.

### JOSEPH

Eh bien, prêtez-moi toute votre attention : voici ce que je suis venu vous proposer. Nos discussions ont commencé pour cette misérable petite pièce de terre qui se trouve enclavée dans mon champ.

### ANTOINE, *vivement*

C'est-à-dire dans le mien.

### JOSEPH

Le tribunal a jugé que mes droits étaient meilleurs, et il m'a donné raison ; c'est un fait incontestable.

ANTOINE

Parce qu'on a pris sa justice.

JOSEPH, *avec impatience*

Et si tu m'interromps toujours, je ne pourrai jamais finir.

ANTOINE

Il faudrait être un saint pour se taire ; mais allez, et je tâcherai d'être calme.

JOSEPH

Eh bien, ce terrain, que l'on reconnaît être ma propriété, j'en ferai l'abandon à la commune : il deviendra ainsi le patrimoine des pauvres ; nous aurons fait une bonne action, et nous redeviendrons amis comme par le passé.

ANTOINE, *avec ironie*

Et qui paiera les frais du procès ?

JOSEPH

Ne devais-tu pas les payer de toutes les manières.

ANTOINE

Oui, d'après la décision des premiers juges ; mais les seconds seront mieux éclairés et plus équitables. M. Joseph veut faire de la générosité à mes dépens, et je serai toujours le battu ! Non, mon garçon ;

vous êtes un malin ; *mais à malin malin et demi,*
je suis un trop vieux renard pour me laisser prendre
au piége. J'en veux appeler d'abord, et nous procé-
derons et nous plaiderons.

JOSEPH

Et tu perdras encore, vieil entêté, et ce sera
mille fois bien fait.

ANTOINE

Oui, souhaite-moi malheur, j'aime mieux cela
que tes propositions d'hypocrite.

JOSEPH

Non, je ne te souhaite pas de mal, et cependant
tu le mériterais bien pour ta folle obstination.

ANTOINE

Je suis plus franc que toi, et je le dis hautement,
Joseph Dubourg, le jour où j'apprendrai que tu es
traité selon tes mérites, mon cœur sera satisfait.

JOSEPH

Prends garde que ce mauvais souhait ne te porte
malheur à toi-même.

ANTOINE, *avec force*

Moi ! ah bien oui, je ne crains rien.
(*On entend au dehors le bruit causé par plusieurs
personnes qui parlent avec vivacité.*)

# SCÈNE V

*Les précédents;* FRANÇOIS, PETIT-LOUIS
*Paysans*

**PETIT-LOUIS**

Ah ! Ciel ! c'est-y possible ?

**ANTOINE**, *avec colère*

Qu'est-ce que cela veut dire, et pourquoi envahit-on ainsi ma maison ?

**PETIT-LOUIS**

Ah ! m'sieu, quand vous saurez ?

**JOSEPH**

Mais enfin pourquoi ce bruit, toutes ces mines effarées ?

**UN PAYSAN**

Demandez à François, M. Joseph, il vous le dira.

**ANTOINE**

Comment, quand il y a ici dix hommes qui devraient avoir leur bon sens, c'est un idiot qui serait chargé de répondre ?

**UN AUTRE PAYSAN**

Dame, c'est lui qui a vu la chose, et nous ne savons que ce qu'il nous en a appris lui-même.

#### JOSEPH

Voyons, François, que sais-tu, qu'as-tu vu?

#### FRANÇOIS

Je voulais aller au marché à Pontoise, parce que, voyez-vous, j'attrape toujours quelques sols par-ci par-là, soit pour tenir la bride d'un cheval, soit pour garder les sacs pendant que les maîtres vont se rafraîchir....

#### ANTOINE

Nous savons cela; après, après?

#### FRANÇOIS

Ce sont les bons jours, ces jours-là ! (*Il se tait.*)

#### ANTOINE

Continue donc.

#### FRANÇOIS, *se frappant le front*

Qu'est-ce que je disais ?

#### ANTOINE

Que tu as été à Pontoise.

#### FRANÇOIS

Non, sur la route seulement. Ah ! quel malheur!

#### ANTOINE

Je ne sais pas pourquoi j'ai le cœur si serré. Ce malheureux idiot me met sur le gril.

JOSEPH

Je vais l'interroger, moi. Ainsi donc, François,
il y avait beaucoup de monde, aujourd'hui, sur la
route de Pontoise?

FRANÇOIS

Pour ça, oui, m'sieu Joseph.

JOSEPH

Alors tu as beaucoup gagné?

FRANÇOIS, *d'un ton piteux*

Pas seulement un rouge liard. Ah! c'est un jour
de misères, de grandes misères! m'sieu Joseph.

JOSEPH

Si tu réponds bien à mes questions, je te pro-
mets non pas des sols, mais une pièce blanche.

FRANÇOIS

Ah! c'est égal, voyez-vous, je n'ai pas le cœur
à la joie. Il me semble que je les vois toujours.
(*Il passe la main sur ses yeux.*)

JOSEPH

Qui donc?

FRANÇOIS

Pauvre jeune homme!

ANTOINE, *avec une grande agitation*

Encore une fois, je te le demande, veux-tu parler
de mon fils?

#### FRANÇOIS

Quel malheur ! de si bons jeunes gens qui ne
vous disaient jamais de dures paroles ; d'abord
j'suis là pour attester.

#### ANTOINE

Voyons, as-tu vu mon fils, lui as-tu parlé, où
est-il ? Mais réponds, réponds donc ?

#### JOSEPH

Toutes ces questions vont l'ahurir encore plus.
(*A François :*) Que faisait Etienne Dubourg lorsque
tu l'as rencontré, François.

#### FRANÇOIS

C'est m'sieu Bernard que vous voulez dire.

#### JOSEPH , *inquiet*

Mon fils !

#### ANTOINE , *avec joie*

Ce n'est pas Etienne, je respire.

#### JOSEPH , *d'un ton d'angoisse*

Interrogez-le, cousin ; moi... je ne saurais plus.

#### ANTOINE

Tu as donc aperçu Bernard ? Mon bon François,
tâche de rappeler tes souvenirs ; tu connais bien
Etienne et Bernard, et tu ne saurais les prendre
l'un pour l'autre.

FRANÇOIS

Puisqu'ils étaient ensemble.

ANTOINE , *avec émotion*

Ah !

(*Antoine et Joseph se regardent en silence.*)

UN PAYSAN

Il faut que l'innocent ait eu un bien grand saisis-
sement pour que ses idées soient ainsi troublées ;
on ne l'a jamais vu comme cela.

FRANÇOIS , *gesticulant et parlant avec volubilité*

Et la jument courait, elle courait, il fallait voir ;
puis elle faisait des sauts par-ci par-là, en avant,
en arrière. M. Etienne criait, M. Bernard criait
encore plus ; la carriole dansait comme une chèvre
folle. Puis, moi, je voulais courir, je voulais crier
aussi, mais je ne pouvais pas, parce que, voyez-
vous, la rivière était là, l'Oise, une belle rivière....

ANTOINE

Oh ! mon Dieu ! quelle torture !

JOSEPH

Tout mon sang est glacé.

UN PAYSAN

Son second récit n'est pas plus clair que le premier. Nous avions espéré qu'il s'expliquerait mieux devant vous ; mais il semble au contraire que son esprit déménage de plus en plus.

PETIT-LOUIS, *d'un air capable*

Ecoute, François, parce qu'on est innocent, ce n'est pas une raison pour patauger comme tu le fais. Et d'abord la jument était-ce la *grise ?* tu sais bien la *grise*, la jument à M. Antoine ?

(*Antoine et Joseph avancent la tête avec anxiété.*)

FRANÇOIS, *riant*

Colette et la *grise* sont comme leurs maîtres, elles aiment bien à marcher ensemble.

PETIT-LOUIS

Et la carriole qui sautait comme une chèvre, était-elle verte ou bleue ?

FRANÇOIS

Elle était verte comme le ciel.

PETIT-LOUIS, *haussant les épaules*

Mais c'est bleu, alors.

ANTOINE, *vivement*

Ce serait donc la mienne ! Ah ! c'est à mourir d'impatience et de douleur.

JOSEPH

Du courage, cousin.

*(Antoine lève au ciel des regards désolés.)*

PETIT-LOUIS

La *grise* n'a pu sauter dans la rivière, vu qu'elle
a une peur affreuse de l'eau.

FRANÇOIS

M. Etienne voulait la faire passer sur le pont.
Ah! bien oui! elle regimbait, elle se cabrait;
quand je vous dis que c'était comme une vraie
toupie.

PETIT-LOUIS, *à part*

Est-ce que ce serait la double ration d'avoine?
Ah! misérable, qu'as-tu fait?

JOSEPH

Il faut cependant savoir à quoi s'en tenir; cette
incertitude est un supplice auquel ma tête ne saurait tenir. Tu dis donc, François, que la *grise* est
tombée dans la rivière?

ANTOINE, *avec force*

Il n'a pas dit cela; n'est-ce pas, François, que
tu n'as pas dit cela?

FRANÇOIS

La *grise*, la charrette, tous les sacs, M. Etienne
paraîtra! (*Il fait un rapide moulinet avec ses deux
mains*) tout dans l'eau, tout, tout! (*Stupeur géné-*

*rale.*) Il fallait voir cela ! c'était beau, c'était si beau, que, ma foi ! je me suis mis à rire, mais à rire. (*Il rit aux éclats, puis s'arrête tout à coup.*) Après cela.... Je ne sais pas.... Je n'ai plus vu clair ; les arbres, la rivière, la route, tout cela tournait, tournait autour de moi, si bien que je me suis mis à tourner aussi jusqu'au moment où je suis tombé. On aurait dit que j'avais les cloches de tous les villages dans la tête. Quand je me suis relevé, dame, j'ai eu peur, et j'ai couru jusqu'ici sans m'arrêter.

ANTOINE, *avec désespoir*

Oh ! mon cher Etienne, mon pauvre fils, ne plus le revoir, hélas ! perdu, perdu pour moi à jamais !

JOSEPH, *avec force*

Non, cela n'est pas possible. Etienne était un brave enfant servant Dieu dans toute la pureté, la sincérité de son âme, aimant et respectant son père ; la divine Providence aura veillé sur lui. Courons à son secours !...

(*Antoine fait un geste de désespoir.*)

PETIT-LOUIS, *arrêtant Antoine et se jetant à ses pieds*

M'sieu Dubourg, chassez-moi de vot' maison, je l'ai mérité, j'suis un vaurien, un fainéant, un

misérable ; c'est ma faute, voyez-vous, si tout cela
est arrivé. Ah ! si j'avais su ! chassez-moi, m'sieu,
chassez-moi.

**JOSEPH**

Qu'as-tu donc fait, malheureux ?

**PETIT-LOUIS**, *toujours pleurant*

J'vas tout vous dire, m'sieu Joseph : j'étais am-
bitieux, voyez-vous ; ou plutôt non, j'étais pares-
seux, j'voulais avoir un état où l'on n'eût rien à
faire : v'là le mal qui m'a perdu.

**JOSEPH**, *avec impatience*

Ce garçon-là a le cerveau dérangé.

**PETIT-LOUIS**

Si cela était, on n'aurait pas de reproches à
m'faire ; mais non, j'voulais passer pour un innocent comme François, c'était mon idée, et alors il
m'est venu dans la tête de donner à la *grise* une
double mesure d'avoine, et alors... vous comprenez, m'sieu Joseph.

**JOSEPH**, *avec colère*

Je comprends que tu mériterais de périr sous le
bâton. Prie Dieu qu'il ne rende pas ta faute irrépa-
rable. Courons tous.

(*Les paysans sortent avec précipitation. Antoine*

*veut les suivre; il chancelle et tombe entre les bras
de son cousin Joseph, qui le fait asseoir sur un
siége et lui prodigue ses soins.)*

---

## SCÈNE VI

### ANTOINE, JOSEPH, FRANÇOIS

FRANÇOIS, *assis seul à l'écart*

Et elle courait, la *grise*, elle courait, elle courait... puis....

ANTOINE, *reprenant un peu ses sens*

C'est une punition, une affreuse punition !

FRANÇOIS, *à demi-voix*

Elle sautait, la *grise*, comme si elle voulait briser la voiture... et la rivière qui était là.... Alors
M. Etienne.... Il tirait la *grise* par la bride, puis il
criait : A l'aide, Bernard, à l'aide ; et la rivière a
tout englouti, tout !

ANTOINE, *reprenant sa connaissance et levant
les yeux au ciel*

Quand vous voulez nous frapper, ô mon Dieu !
vous savez bien où la blessure nous sera plus sensible.

# SCÈNE VII

*Les précédents :* LECAUTELEUX

LECAUTELEUX, *s'approchant vivement d'Antoine*

Que viens-je d'apprendre, mon cher M. Dubourg !
ce pauvre Etienne s'est noyé dans l'Oise ?

JOSEPH, *vivement*

En êtes-vous sûr, monsieur ?

LECAUTELEUX

Je rapporte les bruits qui circulent dans tout le
village, et je n'ai pas voulu tarder un seul instant
à venir assurer M. Antoine Dubourg de toute la part
que je prends à son chagrin, s'il est vrai que....

ANTOINE, *l'interrompant*

Vous avez été pour moi un mauvais génie, M. Lecauteleux, qui a contribué, je le crains, à appeler
sur ma tête ce coup terrible. C'est vous qui avez
travaillé constamment à aigrir mes ressentiments,
à me rendre injuste, méchant ; oui, je le sens à
cette heure, vous m'avez été fatal : sortez, sortez,
votre vue m'est odieuse.

LECAUTELEUX

Il faut que le chagrin vous ait singulièrement

troublé l'esprit, recevoir ainsi un ami dévoué !...

### ANTOINE

Puisse Dieu préserver tous ceux ici présents d'une pareille amitié !

### LECAUTELEUX, *avec une colère concentrée*

On pardonne beaucoup à une grande douleur, M. Dubourg; cependant il doit y avoir des bornes....

### ANTOINE, *tristement*

Je n'ai peut-être pas le droit de me montrer trop sévère, M. Lecauteleux; mais votre vue me fait mal, et je vous prie de me l'épargner.

### LECAUTELEUX

Je me retire; mais vous voudrez bien vous rappeler que si ma présence comme ami vous déplaît, j'ai le droit de me montrer ici comme créancier.

### JOSEPH, *vivement*

N'avez-vous pas honte de vouloir augmenter les tourments de mon malheureux parent en lui faisant entendre des menaces ?

### LECAUTELEUX

Je traite les autres comme ils me traitent.... Je me retire; on n'est pas parvenu jusqu'à mon âge sans savoir que l'ingratitude est le paiement le plus ordinaire des services que l'on a rendus.

*(Au moment où Lecauteleux va pour sortir, il se rencontre avec Petit-Louis, qui le pousse et manque de le renverser.)*

---

## SCÈNE VIII

ANTOINE, JOSEPH, FRANÇOIS, PETIT-LOUIS,
*Paysans*

PETIT-LOUIS, *hors d'haleine*

Une nouvelle ! une grande nouvelle !... écoutez tous, m'sieu Antoine, m'sieu Joseph, et les autres.

ANTOINE

Mon fils !

JOSEPH

Qu'as-tu appris, parle vite ?

PETIT-LOUIS

D'abord François est un imbécile.

ANTOINE

Cette affreuse histoire ne serait pas vraie ?

PETIT-LOUIS

Elle est vraie. La *grise* est tombée dans la rivière, la pauvre bête y est encore avec la carriole et les sacs de blé.

### ANTOINE

Mais mon fils, mon fils?

### PETIT-LOUIS

M'sieu Etienne a fait aussi le plongeon, c'est encore vrai; mais voici ce qui me fait dire que François est un idiot, un innocent, un bon à rien, c'est qu'il n'a pas vu m'sieu Bernard sauter à bas de sa voiture, s'précipiter dans la rivière et reparaître quelques minutes plus tard en ramenant son cousin.

### ANTOINE, *avec exaltation*

Ainsi donc mon fils vit! merci, mon Dieu!... merci....

### JOSEPH, *avec joie*

Je savais bien, moi, que Bernard ne l'aurait pas laissé périr sans faire tous ses efforts pour le sauver.

### ANTOINE, *avec inquiétude*

Mais où sont-ils, Petit-Louis? pourquoi ne t'ont-ils pas accompagné? Mon fils ne sait donc pas que tant que je ne l'aurai pas vu, que je ne l'aurai pas embrassé, je douterai de mon bonheur.

### PETIT-LOUIS

Dame, not'maître, vous croyez donc qu'on prend comme cela un bain forcé dans la rivière sans qu'il y paraisse le moins du monde.

**ANTOINE**

Etienne est malade ?

**PETIT-LOUIS**

Non ; mais encore faut-il le temps de se sécher
un brin.

**JOSEPH**

Enfin tu les as vus ? tu leur as parlé ?

**PETIT-LOUIS**

Comme je vous parle et comme je vous vois.
(*Avec emphase :*) Je ne suis pas un idiot, moi, pour
me sauver au moment le plus intéressant.

**ANTOINE**

Où as-tu laissé mon pauvre enfant ? Je veux aller
le trouver ; puisqu'il ne peut venir ?

**FRANÇOIS**

Pauvre *grise*, comme elle courait !

**PETIT-LOUIS**, *tressaillant*

C'est vrai, pauvre *grise !* et c'est moi pourtant.....
Je ne me le pardonnerai jamais.

**ANTOINE**

Ils ne viennent pas.

**PETIT-LOUIS**

Il faut le temps.

### JOSEPH

Où l'accident est-il arrivé ?

### PETIT-LOUIS

A dix minutes de chemin, tout au plus, ce qui fait que j'en ai mis cinq pour y aller.

### ANTOINE

Je ne saurais commander plus longtemps à mon impatience. (*Il essaie de marcher ; Joseph le soutient.*)

### PETIT-LOUIS

Quand j'vous dis qu'ils vont venir. Et si vous ne preniez pas la même route ?

### UN PAYSAN *qui s'est approché de la porte*

Les voilà ; je reconnais Colette et la carriole de m'sieu Joseph Dubourg.

### ANTOINE, *se laissant retomber sur un siége*

Ah ! je n'aurais pas eu la force d'aller jusqu'à lui.

### LES PAYSANS (*criant :*)

Vive M. Bernard ! vive M. Antoine !

### ANTOINE

Ils les voient, eux !

**PETIT-LOUIS** (*qui a été regarder à la porte :*)

Ils descendent de voiture tout comme s'ils venaient seulement de se promener.

***

# SCÈNE IX

*Les précédents ;* ÉTIENNE , BERNARD

(*Etienne va se jeter dans les bras d'Antoine,
et Bernard dans ceux de Joseph*)

**LES PAYSANS** (*criant :*)

Vivent les Dubourg ! vivent les Dubourg !

**ÉTIENNE**

C'est Bernard qui m'a sauvé la vie, mon père.

**ANTOINE,** *avec émotion*

Je le sais.

**BERNARD**

Je n'y ai pas grand mérite ; il m'aurait été bien plus difficile de faire autrement. Quand j'ai vu Etienne tomber dans la rivière, je ne saurais trop dire ce qui a agi en moi ; mais je me suis trouvé bientôt à ses côtés sans avoir même pris le temps de réfléchir.

ANTOINE, *avec sensibilité*

Ce qui a agi en toi, c'est ton bon cœur, mon garçon.

JOSEPH

Et puis aussi son affection pour Etienne.

BERNARD, *souriant*

C'est peut-être un peu tout cela.

ÉTIENNE

Il a couru de grands dangers, car notre pauvre jument se débattait pour se débarrasser de ses liens, et....

BERNARD

Je ne l'ai pas vue seulement; je ne songeais qu'à toi.

ANTOINE, *bas à Joseph*

Ces enfants s'aiment bien, Joseph.

JOSEPH, *de même*

Comme nous nous aimions autrefois, Antoine.

ANTOINE, *de même*

C'est vrai, et alors nous étions heureux.

BERNARD, *bas à Etienne*

Que se disent-ils ?

ÉTIENNE, *de même*

Je ne sais.

ANTOINE, *toujours du même ton*

Cela reviendra peut-être.

JOSEPH, *même ton*

De mon côté, c'est tout revenu.

ANTOINE

Malgré nos procès ?

JOSEPH

Puisqu'ils sont finis.

ÉTIENNE, *à Bernard*

Je voudrais bien entendre.

BERNARD

A quoi bon ? moi je devine.

ANTOINE

Je crois que tu vaux mieux que moi, cousin.

JOSEPH

C'est à savoir.

ANTOINE, *tendant la main à Joseph*

Voilà ma main en signe de réconciliation et bonne amitié.

LES PAYSANS

Vivent les Dubourg !

### ÉTIENNE ET BERNARD, *ensemble*

Merci, mon père. Ah ! quel bonheur ! nos beaux
jours d'autrefois vont revenir.

### ANTOINE, *à Etienne*

Notre petite fortune est bien diminuée, mon
pauvre enfant.

### ÉTIENNE

Ah ! bah ! qu'est-ce que cela ; on travaille un peu
plus, et tout est dit.

### JOSEPH, *vivement*

Et d'ailleurs, ne sommes-nous pas là ?

### ANTOINE

Merci, Joseph ; mais il est juste que je porte la
peine de ma faute : *Le mal retourne à celui qui
le fait.*

# LE SOURD-MUET

# PERSONNAGES :

M. DE PERTHUIS.

RICHARD, son fils.

LÉOPOLD, sourd-muet.

DALANGE,

MALTON,

SOTTENVILLE,

DOUBLET,

amis de Richard.

*Un domestique muet.*

---

Le théâtre représente une salle d'études. Croisée au fond, donnant sur la rue. Une table, des livres, un tableau noir, des sphères et autres instruments d'études sérieuses.

# LE SOURD-MUET

---

## SCÈNE I

### RICHARD, MALTON

**MALTON**

Bonjour, Richard ! Il y a six mois que je ne t'ai vu, mon cher ! A peine de retour, je viens te saluer. Dis-moi donc, est-il vrai que tu aies eu une aventure aquatique ?

**RICHARD**

Qui a pu t'informer de cela ?

**MALTON**

Tu as donc oublié que je tiens à savoir vingt-quatre heures d'avance tout ce qui se passe en ville ?

**RICHARD**

Oui, mon ami, j'ai failli me noyer, et sans un

secours inespéré, ménagé par la Providence, c'en était fait de moi.

MALTON

C'est charmant ! tu as failli te noyer, et un inconnu, à ce qu'on dit, t'a arraché à la mort ! Toi, le meilleur nageur de tout le canton ! réellement, c'est à n'en rien croire.

RICHARD

Cela est pourtant fort ordinaire : sur cent personnes qui périssent dans les eaux, il y en a quatre-vingt-dix qui savent nager.

MALTON, d'un ton moqueur

Perfide élément !... Tu as donc fait le plongeon, et tu as failli disparaître à tout jamais de la scène du monde ! Ce que c'est que de nous ! Ainsi périssait, à l'âge de dix-sept ans, l'illustre rejeton, l'unique héritier de l'illustre famille des Perthuis ! ·

RICHARD

Illustre ou non, je périssais !... Et cet accident, qui aurait pu m'être si funeste, m'a amené au contraire à faire de bien salutaires réflexions !

MALTON

Peste !...

RICHARD

Sans l'intervention de ce généreux jeune homme,

j'allais rendre compte à Dieu d'une vie bien légère
et jusqu'ici bien inutile....

MALTON

Quel est donc ce généreux mortel ?

RICHARD

C'est encore un secret !... mais j'espère qu'il sera
bientôt éclairci.... Voici comment la chose s'est
passée : Je me baignais dans la Seine, une crampe
affreuse me saisit ; je fais de vains efforts, je crie
inutilement.... Personne ne m'entend ; c'était un
endroit peu fréquenté. Tout à coup, et comme j'allais disparaître sous les eaux, un inconnu accourt,
se jette à l'eau, et après une lutte où nous avons
failli périr tous deux, il me ramène à la rive. A
peine à terre, je reprends mes sens ; je veux expri-
mer à mon sauveur ma reconnaissance : il s'enfuit
sans me répondre un seul mot.

MALTON

Oh ! oh !...

RICHARD

Ah ! ses traits pleins de noblesse sont encore
présents à ma mémoire. Vraiment je ne sais comment la vue d'un étranger a pu me faire une im-
pression si profonde !... Mon père, depuis l'affreux
malheur qui l'a privé de mon frère aîné, malheur

qui a conduit au tombeau ma pauvre mère, mon père était toujours livré à ses regrets, et, si l'on en excepte les soins qu'il me donne, il ne prend intérêt à rien sur la terre. Eh bien ! il semble qu'il éprouve aussi quelque chose d'extraordinaire ! Il me parle sans cesse de ce jeune homme, il voudrait le connaître et semble prendre à tâche de me le rendre cher. Ses recherches étaient restées inutiles, lorsque le hasard... que dis-je ? il n'y a pas de hasard, la Providence me fit savoir sa demeure.

MALTON

On dit que ton père le voit de temps à autre....

RICHARD

On se trompe, il m'en parlerait.... Quant à moi, j'ai des motifs particuliers qui m'ont empêché de donner connaissance à mon père de cette bonne nouvelle. Je lui prépare une surprise.... Je fais là-dessus des châteaux en Espagne !... mais j'ai besoin d'un peu de réserve pour les exécuter. Ah ! si je pouvais rendre à mon libérateur service pour service !... je brûle de voir arriver ce moment.

MALTON

D'après ce que je vois, tu établis en principe que ton Pylade va attendre, pour se baigner, le moment que tu passeras près d'un fleuve ; qu'il se procurera une crampe à point nommé pour que tu puisses arriver au moment opportun.... C'est très-romanesque.

RICHARD

Lui, il m'a sauvé la vie ; mais moi, ne puis-je pas éclairer son esprit, former son intelligence ?... Si tu savais à quelle privation le Ciel l'a soumis ! Il me serait si doux de le présenter à mon père et de le lui faire adopter ! La présence d'un ami répandrait peut-être quelque charme sur sa vie ; et si, en acquittant la dette de la reconnaissance, je pouvais en même temps travailler au bonheur de mon père, tu conçois quelle satisfaction pour moi !... Mais je ne suis pas prêt, j'ai besoin de quelques jours encore.

MALTON, *avec fatuité*

Sais-tu bien que tu jouerais parfaitement le mélodrame ? *La reconnaisance, le sentiment !* C'est admirable, mais c'est éminemment classique.... L'amitié rapproche les distances ; tu mérites le prix Monthyon, parole d'honneur.

RICHARD

Veux-tu me permettre de te donner un conseil ?

### MALTON

Quel conseil ?

### RICHARD

Je faisais comme toi, je donnais ma parole d'honneur à tout bout de phrase ; mais mon père m'a si
souvent répété : *Les personnes les plus libérales de
leur parole d'honneur sont parfois celles qui en ont
le moins*, que je me suis défait de cette habitude,
qui est au moins de mauvais ton.... En te parlant
avec cette franchise, je te traite en ami....

### MALTON

Tu ne les ménages guère, tes amis, ce me
semble ! toi qui parais connaître si peu la distance
des conditions !

### RICHARD

Tu parles de distance ?... Mais quelle distance
le séparait de moi, quand il risquait sa vie pour
sauver la mienne ?....

### MALTON

Parles-tu sérieusement, voyons ? je ne te reconnais plus, parole d'honneur !... Et d'abord, finis-en
avec ton paysan ; envoie-lui quelques pièces de cent
sous, et qu'il n'en soit plus question ! Tu sais bien
que je ne veux pas m'exposer à rencontrer ici....

**RICHARD**

Ecoute, mon ami, je te le dirai sans détour :
selon moi, rien ne montre plus de petitesse de
cœur que cette impatience à supporter le souvenir
d'un bienfait.

**MALTON**

Mais tu es dans ton jour de plaisanteries; restons-
en là. Je te connais, mon cher; insouciant, irré-
fléchi, tu voudrais en vain jouer devant moi ces
grands sentiments dont je ne suis pas la dupe! Eh
bien! moi, je te donnerai aussi un conseil d'ami
qui vaudra bien le tien. Je te dirai entre nous...
(*avec mystère*) je n'aime pas les cafards!...

**RICHARD**

Ni moi non plus, je t'assure.... Tu me parais
piqué; je suis bien maladroit peut-être; mais tu
peux croire à la pureté de mon intention....

**MALTON**

Je n'en doute aucunement! Par exemple, quand
tu vas à la haute ville !...

**RICHARD**

Eh bien! qui pourrait y trouver à redire?. .

**MALTON**

Oh! je ne suis pas chargé de redresser ta con-

duite ; ce que j'en dis, c'est seulement pour te faire
voir que je suis au courant, que tes simagrées avec
moi sont hors de saison, et que le métier de cen-
seur ne convient pas à tout le monde. Avant d'ad-
monester les autres, songe à te conduire toi-même
avec plus de retenue.... Et quand on fait des connaissances comme celles que tu ne crains pas de
faire... gare que je n'en avertisse ton père !...

RICHARD

Tu dis que j'ai fait des connaissances, tu devrais
dire que je cherche à en faire une ; car je n'ai
encore parlé à personne.... Je sais seulement qu'un
bienfaiteur a payé un semestre d'avance à son hôte....

MALTON

Ah ! pas de mystère : je sais mieux me respecter,
moi ; je n'ai jamais mis le pied dans une maison de
jeu.

RICHARD

Je ne sais ce que tu veux dire avec tes maisons
de jeu !... Quant à la connaissance que j'ai faite à
la haute ville, rue Sicard, elle est très-honorable ;
et j'en ferai part à mon père quand le moment sera
venu. Ne va pas me trahir.

MALTON

Eh bien ! soit ; garde ton secret dont je me soucie

fort peu... je suis seulement bien aise de te faire
voir que je te connais. Adieu, M. Tartufe; vous
aurez de mes nouvelles, parole d'honneur.

---

## SCÈNE II

RICHARD, *seul*

Que veut-il dire ?... Il menace, je crois... mais
ma conscience ne me reproche rien. Si je mets
quelque mystère au projet que m'inspire la reconnaissance, c'est pour en mieux assurer le succès.
Si je proposais maintenant à mon père d'admettre
dans sa maison ce nouvel ami, il pourrait m'ob-
jecter, sinon sa naissance, du moins son défaut
d'éducation. Je veux me mettre en état de pouvoir
répondre à cette objection en travaillant à me rendre
capable de former ce jeune homme. Depuis quelque
temps, d'ailleurs, j'ai plus que jamais confiance en
la tendresse et en la générosité de mon père ; il
partage ma reconnaissance pour celui qui m'a sauvé
la vie, et m'en parle souvent... mais s'il savait
que c'est un pauvre sourd-muet, sans famille, sans
instruction, voudrait-il consentir à ce que je forme
liaison avec lui? ne me croirait-il pas incapable

du dévouement soutenu dont il me faudrait faire preuve ? Je me sens en état de dissiper maintenant tous ses doutes.... S'il me parle du défaut d'éducation de ce jeune homme, je lui dirai que je travaille à lui en donner, et que loin de me faire perdre un temps précieux, ce but est pour moi un puissant motif d'émulation qui m'a fait depuis longtemps redoubler de zèle pour mes études et chercher à réformer les défauts de mon caractère. La fortune !... eh bien ! je voudrais partager avec lui celle que le Ciel me destine. Enfin, s'il est inconnu à tous, ce jeune étranger ne l'est pas pour nous.

Toutefois ce Malton m'inquiète ; s'il allait prévenir et travailler l'esprit de mon père !... Qu'ai-je donc fait pour le mettre en colère ? Est-ce un conseil donné amicalement ?... On dit que la vérité seule blesse si fort.... Pour moi, je ne puis disconvenir qu'il ne m'ait connu tel qu'il m'a dépeint tout à l'heure ; mais c'est parce que j'ai reconnu en moi tous ces défauts que j'ai pris la résolution de m'en corriger.

C'est aujourd'hui que dans la séance de l'athénée on doit proclamer le vainqueur pour le prix de poésie ! occupé d'études plus sérieuses, je n'ai pas voulu concourir. Quelques amis viendront sans doute me chercher pour assister à cette séance ;

mais je suis trop préoccupé, j'aime mieux les laisser
aller sans moi.

## SCÈNE III

### RICHARD, DALANGE

**DALANGE**

Bonjour, Richard ! On m'avait donné rendez-vous
chez toi ; mais j'arrive trop tôt, à ce qu'il me paraît.

**RICHARD**

C'est fort aimable de ta part ; tu me procures
ainsi le plaisir de te voir un moment de plus.

**DALANGE**

S'il y a de l'amabilité de ma part, n'y a-t-il pas
un peu de flatterie de la tienne ?

**RICHARD**

Non, je t'assure ; je ne flatte jamais, même pour
être poli : ma bouche n'exprime rien que mon cœur
ne sente. C'est un parti que j'ai pris avec moi-même.

**DALANGE**

Cela me fait plaisir, mon ami ; mais je suis bien
surpris du retard de nos camarades. Il y en a au

moins cinquante, ce sont tous ceux de notre cercle littéraire. Charles Sottenville les rassemble de toutes parts ; il presse chacun de se rendre à l'athénée, où il compte bien être couronné. On y lira sa pièce de poésie qui a pour épigraphe : *Sic itur ad astra.* Il assure qu'elle fera beaucoup d'effet.

### RICHARD

Charles est un bon garçon, un peu persuadé de son mérite, mais du reste....

### DALANGE

Très-ridicule et surtout grand hâbleur ; pour celui-là je parierais bien qu'il n'est pas convenu avec lui-même *d'être vrai en tout.*

### RICHARD

Il me semble cependant que lorsqu'on a quelque estime de soi-même....

### DALANGE

Laisse donc ; en poésie, par exemple, le poëte qui sera couronné aujourd'hui n'aurait pu écrire son épître à un ami convalescent (car tu sais que c'est là le sujet proposé), n'aurait pu, dis-je, écrire cette épître sans feindre, à moins qu'une de ses connaissances n'ait eu la complaisance de tomber malade et de guérir ensuite.

### RICHARD

C'est bien différent ! il s'agit d'une fiction qui ne trompe personne. On n'est faux que quand le cœur manque de loyauté.... Pour moi, tout ce qui n'est pas solide ne me suffit plus.... On donne le nom d'amitié à une liaison où la raison et le sentiment n'ont aucune part; aussi ces attachements formés à l'aveugle se dénouent sans plus de motif. L'amitié est un nœud saint dont je commence maintenant à comprendre toute l'excellence et dont je veux travailler à me rendre digne.

### DALANGE

Tu feras bien, en effet, de cultiver tes amis; j'en connais plusieurs qui t'en veulent. Je viens de rencontrer Malton qui paraissait furieux contre toi et cherchait à exciter les autres. Il se plaignait que tu faisais l'hypocrite, que tu entretenais de mauvaises connaissances, que sais-je moi? Enfin, j'ai compris qu'il parlait de la rue Sicard, n° 17.

### RICHARD

Rue Sicard, n° 17 ! c'est là que chaque matin je vais prendre des leçons dont je fais un mystère à mon père, parce que c'est une surprise que je lui ménage; et il n'y a rien là dont je doive rougir. Du reste, ma conduite ne craint pas le grand jour, et je défie que l'on prouve aucune accusation contre moi.... Je suis cependant fâché de cette circonstance....

---

## SCÈNE IV

CHARLES SOTTENVILLE, RICHARD, DALANGE

### SOTTENVILLE

Messieurs, votre très-humble !... D'où vous vient donc cet air consterné ?

### RICHARD

Nous sommes sérieux et non consternés.

### SOTTENVILLE

Ce cher Richard ! on me l'avait bien dit qu'il tendait au sérieux. Il est donc bien vrai, mon cher, que la bile noire te travaille ? On dit que tu dédaignes tes anciens amis. J'avais donné rendez-vous chez toi à toute la bande joyeuse ; mais Malton a donné contre-ordre.... Moi, je viens m'informer.... Quel appareil scientifique ! un tableau noir, des livres !... Ah ! un Bébian, qu'est-ce que ce littérateur-là ?... inconnu. Ah ! c'est pour les sourds-muets.... L'abbé Sicard !... c'est encore pour les muets, je pense ?. . Est-ce que tu causes avec ces gens-là ?

RICHARD

Ecoute, Charles, puisque Dieu a donné à mon père une fortune assez considérable pour me dispenser de travailler à l'augmenter, je veux profiter du loisir qui se présente pour moi dans la vie pour me rendre utile à l'humanité, et pour cela je commence par m'instruire....

SOTTENVILLE

T'instruire de quoi ? L'hiver passé je te voyais souvent : tu sais fumer, jouer au billard, monter à cheval, parier à l'écarté, figurer très-joliment dans un bal : que faut-il de plus à un simple particulier ? Crois-moi, tel que tu es, tu peux te présenter partout. Tu as tort de lire tous ces bouquins ; rien n'éteint la poésie comme la lecture des ouvrages positifs ! rien ne refroidit davantage l'imagination.... Pour moi, j'étudie peu ; en revanche, j'écris beaucoup, j'écris tout ce qui me passe par la tête.

DALANGE

C'est risquer d'écrire beaucoup de choses hasardées.

SOTTENVILLE

Oh ! pas du tout ; c'est le moyen d'être original

et de conserver son type. *Sic itur ad astra*. Pour
moi, j'aime l'épanchement, je pense tout haut avec
tout le monde ; dans chacun de mes amis, je crois
voir un Sottenville ; c'est un autre moi-même.
Pourvu cependant qu'il n'ait pas d'opinion... car
moi, d'abord, je n'ai pas d'opinon ; ceux qui en
ont, je les laisse....

DALANGE

On parle cependant d'une discussion que tu aurais
eue avec....

SOTTENVILLE

Oui, un animal qui parle de ce qu'il n'entend
pas. Un jour que je lui lisais mes vers, il vient me
parler de ceux de Racine. Y a-t-il rien de plus
rococo ?. . Racine est passé de mode, Racine est
tombé dans l'oubli.... Racine, Racine, ce n'est pas
un poëte, c'est un versificateur.... Je veux monter
au Parnasse....

RICHARD

Brisons là....

SOTTENVILLE

Tu as raison, tu n'es pas digne de sentir cela,
toi ; tu ne te piques pas de t'y connaître ; tu as
négligé notre cercle littéraire pour poursuivre je ne
sais quelle aventure. Malton est furieux ; je crains

bien que cela ne finisse mal. Il est question de te provoquer en duel... si tu as besoin d'un second, tu sais que tu peux t'adresser à un autre.

#### RICHARD

Je te prends seulement à témoin. Tu sais que je ne suis pas un lâche; mais jamais ma conscience ne me permettrait.... Au surplus, il y a sous jeu quelque mal-entendu, qu'un mot suffira sans doute pour éclaircir. Vraiment, je ne puis me rendre compte de ce que l'on trouve à me reprocher.

#### SOTTENVILLE

Au fait, tu vas à la haute ville ?

#### RICHARD

Sans doute ; pourquoi n'irais-je pas ?

#### SOTTENVILLE

C'est une autre question. En as-tu parlé à ton père ?

#### RICHARD

Pas encore ; mais j'espère bientôt trouver l'occasion de lui faire connaître l'objet de mes démarches.

#### SOTTENVILLE

Je t'en félicite... mais je veux être fouetté aux quatre coins de la cour ovale de Fontainebleau,

comme dit un homme d'esprit, si j'y comprends
quelque chose.... Malton dit....

RICHARD

Eh ! qu'importe Malton !

SOTTENVILLE

Tu as raison, mets-toi au-dessus du vulgaire....
Mais l'heure sonne, je vous quitte... je vais cueillir
des lauriers.... Adieu, messieurs....

---

# SCÈNE V

### DALANGE, RICHARD, DOUBLET

DOUBLET

Tiens, moi qui vous croyais tous les deux à la
séance! Il y a un monde! on n'y peut trouver place.
Pour moi, après avoir longtemps essayé de m'in-
sinuer, je me suis dit : Allons chez Richard de Perthuis, je verrai le lauréat quand il sortira. A deux
pas je rencontre un jeune homme, cheveux noirs,
assez bien mis ; je l'ai pris pour un Anglais. Il
prend son portefeuille et m'écrit : « Savez-vous si
M. de Perthuis est à l'athénée ? » Moi, je ne sais
pas l'anglais, je lui réponds tout bonnement : « Moi
pas savoir. » Alors il me fit... (*signe de muet.*) Je le

quittai en riant de bon cœur! Il a vu ton père qui lui a fait des signes aussi... comme ça.... Pour moi, me voici.

RICHARD

Mon père faisait des signes?... Ce jeune homme était un sourd-muet? des cheveux noirs? Quel espoir se présente à mes yeux! mais mon père ne connaît pas le langage mimique.

DOUBLET

Que c'est stupide d'être sourd-muet!

RICHARD

Il est vrai qu'ils vivaient dans un déplorable état de stupidité, ces malheureux, quand un homme, auquel la postérité érigera des statues, a trouvé, dans son cœur et dans son génie, le secret d'un langage nouveau qui leur permet de communiquer leurs idées et de développer leur âme et leur intelligence! Ce ne sont plus des êtres abandonnés, des parias, ils peuvent figurer dans tous les rangs de la société. Déjà plusieurs d'entre eux ont pris place parmi les légistes, les littérateurs, les poëtes même. Ils peuvent dire avec reconnaissance : Si nous sommes des hommes, si nous avons repris notre place dans la société humaine, c'est à l'abbé de l'Epée que nous le devons.

### DOUBLET

Des hommes, soit!... mais je voudrais bien voir un avocat muet, à moins que la partie adverse... (*il fait le signe de compter de l'argent*). Un poëte muet, c'est une idée originale; je tiendrais particulièrement à voir un poëte muet, moi!

### RICHARD

Mon ami, on peut remplir un rôle utile dans la société sans être ni avocat, ni poëte, ni littérateur. Toi-même tu tiens à y figurer pour quelque chose, n'est-ce pas? Et pourtant je ne connais de toi ni harangue, ni vers, ni même une simple étude historique.

### DOUBLET

Oui, c'est vrai; mais je ne vois pas le mérite d'avoir inventé un alphabet manuel.... Quand nous étions au collége, j'en ai inventé au moins dix, et l'on ne m'a pas encore érigé la plus petite statue.

### RICHARD

Oh! ce n'est pas cela qui est difficile; qu'est-ce qu'un signe s'il ne représente pas une idée! voilà précisément la difficulté. Juge que de soins, que de patience pour obtenir des conventions en nombre suffisant, même pour le plus simple discours. C'est

pourtant ce qui a été fait, et cet art difficile a été
porté rapidement à un si haut point de perfection
qu'il y a des sourds-muets qui écrivent avec plus
de lucidité, de correction et d'élégance même que
bien des membres de notre cercle littéraire.

### DOUBLET

La séance doit être terminée; je vais tâcher d'apprendre quel est le lauréat. Venez-vous avec moi,
Dalange? (*Ils sortent.*)

## SCÈNE VI

### RICHARD

Je regrette peu de ne pas avoir assisté à cette
séance où se heurtent tant de vanités rivales.... Je
vais donc enfin réaliser bientôt ce rêve de six mois :
j'irai trouver celui pour qui je me sens une inclina-
tion si vive; je pourrai lui communiquer toutes mes
pensées, l'instruire de mille choses qu'il ignore
sans doute, puis le présenter à mon père; je lui
dirai : Mon père, puisque le Ciel nous a ravi, à
vous un fils, à moi un frère, permettez-moi de vous
présenter celui que la Providence elle-même a jeté
dans nos bras.... N'en doutez pas, ce concours

de circonstances qui le fixent dans notre ville, qui
l'amènent pour me sauver, qui me permettent de
m'instruire du seul langage qu'il connaisse, ce bonheur que vous avez perdu, une bonne action va
vous le rendre. Ce jeune étranger vous a conservé
votre Richard, qui, à son tour, vous offre un second fils. Croyez-en mon pressentiment, il sera
digne de vos bontés et de ma tendresse !... Ah ! le
cœur me bat d'espoir quand j'y pense !...

---

## SCÈNE VII

### RICHARD, DALANGE

**DALANGE**, *accourant.*

Nouvelle, nouvelle !... mon cher ; on a proclamé
le vainqueur ; je te donne en mille à deviner celui
qui a le prix de poésie !

**RICHARD**

C'est donc bien incroyable !

**DALANGE**

C'est à s'en casser la tête.

**RICHARD**

Serait-ce Sottenville ?

**DALANGE**

Non.

**RICHARD**

Est-ce quelqu'un que je connaisse ?

**DALANGE**

C'est un de tes meilleurs amis.

**RICHARD**

Mais... mon père ne cultive pas la poésie.

**DALANGE**

Non, pas ton père ; après lui....

**RICHARD**

Ah ! le bon M. Saint-Félix ? mais il ne s'occupait
pas de poésie.

**DALANGE**

Eh ! non ; il ne s'agit ni de père ni de précep-
teur ; il s'agit d'un jeune homme....

**RICHARD**

Je ne devine pas. Il en est bien un que j'affec-
tionne particulièrement ; mais celui-là malheureu-
sement ne saurait....

**DALANGE**

Ecoute, voici ce que je viens d'entendre : Sottenville et quelques-uns de ses amis, étant arrivés trop
tard, avaient trouvé toutes les places prises. Non
sans mal, ils parviennent dans la salle de l'athénée.

Chemin faisant, Sottenville s'informait à tout le monde si l'on avait parlé du morceau ayant pour devise *Sic itur ad astra*. On ne lui répondit que par des plaisanteries. Enfin, le voilà parvenu en face du président, cet homme dont les discours ont quelque chose de si élevé et de si doux au cœur et à l'âme. Tu connais la justesse et la sévérité de son goût et la force de sa dialectique. Il fit successivement l'analyse des pièces envoyées au concours. On reconnaissait çà et là les devises de plusieurs de nos amis qui avaient eu l'indiscrétion de les publier. Le président continua : « Quant à la pièce ayant pour épigraphe *Sic itur ad astra* (mouvement d'attention dans l'auditoire, les regards se portent vers Charles), on aurait pu croire que c'était une plaisanterie faite dans l'intention de décrier le mauvais goût qui tend aujourd'hui à s'emparer de la littérature ; mais des incorrections nombreuses et de tout genre, même dans l'orthographe, ont fait penser au jury que c'était un trait lancé par quelque écolier encore novice ; en conséquence ont l'a mis hors de concours. » A ces mots, il se fit un brouhaha, un tonnerre de sarcasmes, qui foudroya le malheureux qui s'était lui-même attaché au pilori.... Il sortit sans attendre le reste.... On lui fit place.... une place superbe, entre deux haies !.....

**RICHARD**

Oh ! le malheureux ! le voici.

---

# SCÈNE VIII

*Les précédents;* SOTTENVILLE

**SOTTENVILLE ,** *à la cantonnade*

Laissez-moi tranquille.... (*A Richard :*) Je t'avais
dit que tu me reverrais après la séance ; c'est pour
tenir ma parole. Un tas de mauvais plaisants ne
m'ont-ils pas escorté dans la rue ? Je n'ai vu rien de
mieux à faire que d'entrer chez toi... d'autant plus
que j'avais envie d'y venir.

**RICHARD**

Eh bien ! tes espérances ?

**SOTTENVILLE**

Ne me parle pas d'une petite ville... d'une petite
ville de province surtout !... Si je voulais, je leur
montrerais presque tous mes vers employés par nos
poëtes modernes.... les seuls poëtes, s'il en fut
jamais.... J'aurais bien dû m'y attendre ; pouvaient-
ils sentir cela, le comprendre seulement ?

### RICHARD

Qui donc a le prix ?

### SOTTENVILLE

Je l'ignore. D'abord ce doit être une affaire de faveur. Un individu qui avait sans doute des parents dans le jury d'examen.... Une devise convenue.... Phrase banale, insignifiante !... Enfin, voilà, ils m'y prendront encore à écrire !... Qu'ils viennent m'offrir une lyre d'or !... Va te promener toi et ta lyre !...

*(Pendant la dernière partie du monologue de Sottenville, un domestique est venu remettre une lettre à Richard, qui, la parcourant d'abord des yeux, dit :* C'est de mon professeur. *Puis, s'étant retiré un peu à l'écart, il la lit à demi-voix.)*

« Mon cher ami,

» Je crois devoir vous prévenir au plus tôt des
» découvertes que je viens de faire. En rentrant chez
» moi ce matin, j'ai entendu prononcer votre nom
» par plusieurs jeunes gens qui faisaient à votre sujet
» diverses questions à la portière et paraissaient ani-
» més de mauvais vouloir contre vous. Leurs pro-
» pos, saisis au passage, m'ont mis sur la voie
» d'une découverte qui m'oblige à changer immé-

» diatement de logement : c'est qu'il se tient ici une
» maison de jeu clandestine, et que vous êtes accusé
» d'avoir des relations avec les personnes équivoques
» qui la tiennent. Votre réputation, celle de mes
» autres élèves, et la mienne elle-même, compro-
» mises par ce voisinage, m'obligent à déloger au
» plus tôt. Méfiez-vous de vos prétendus amis ;
» celui-là même qui vous chargeait avec le plus
» d'aigreur est un des habitués de cette maison
» suspecte ; je l'ai reconnu pour l'avoir vu sortir
» plus d'une fois du local que l'on m'a désigné.

» Quant à votre jeune protégé, dont un mysté-
» rieux bienfaiteur paie la pension chez des per-
» sonnes qui demeurent dans une autre aile de
» cette grande maison, un des résultats de mes
» perquisitions d'aujourd'hui a été d'apprendre
» qu'il va la quitter aussi. Où va-t-il demeurer, je
» l'ignore encore ; mais vous n'avez pas un instant à
» perdre, si vous voulez venir vous en informer... »

(*Après avoir lu :*) Courons.... Messieurs, per-
mettez, excusez-moi... une affaire pressée.... Dans
peu de temps je serai de retour.

———

# SCÈNE IX

## SOTTENVILLE, DALANGE

### DALANGE

Eh bien ! il agit sans cérémonie.... Malton pourrait l'avoir bien jugé.... Quelque intrigue l'occupe....

### SOTTENVILLE, *avec exaltation*

Il me voit malheureux et victime , il me fuit.... Ainsi va le monde !... (*D'un autre ton :*) Je me confirme de plus en plus dans la résolution de n'avoir d'autre ami que moi-même !... Peste soit de ce jury !... Ecolier ignorant !... Ils ne sont pas ignorants, eux : ils sont passés maîtres !... Ne faudra-t-il pas maintenant s'astreindre à l'orthographe ? est-ce qu'un homme de génie s'abaisse à l'orthographe ?... Allons donc ! le génie s'élève au-dessus de ces entraves gothiques, bonnes pour le vulgaire....

# SCÈNE X

## M. DE PERTHUIS, SOTTENVILLE, DALANGE, LÉOPOLD

**M. DE PERTHUIS,** *avec empressement*

Où donc est Richard ?... Ah ! pardon, messieurs.

**SOTTENVILLE**

S'il est permis d'en juger sur les apparences, ce jeune homme s'est embarqué dans des aventures romanesques.... Un esclave, ou du moins un muet, vient de lui apporter une missive : il s'est échappé comme un homme qui a quelque chose d'extraordinaire dans la tête.... Je ne vous cache pas que sa conduite n'est pas même conforme aux lois de la politesse.... Du reste, je ne connais rien, absolument rien.

**M. DE PERTHUIS**

Monsieur, la douleur influe peut-être.... Tenez, je vous présente un lauréat ; il vient d'obtenir le prix de poésie....

**DALANGE**

Ah ! monsieur est le lauréat !... Monsieur, je vous prie d'agréer mes félicitations....

SOTTENVILLE, *d'un air superbe*

Quel est cet inconnu ?

#### M. DE PERTHUIS

C'est un orphelin que la nature a bien maltraité; car non-seulement il ne connaît pas ses parents, mais il est sourd-muet.

#### SOTTENVILLE

C'est un sourd-muet qui a remporté le prix ? Mais c'est une mauvaise plaisanterie, un véritable guet-apens !... c'est atroce ! Et c'est un être semblable qui l'emporte sur moi ?... Je m'inscris en faux !... Il est temps de rendre à chacun la justice qui lui est due.

#### M. DE PERTHUIS

Vous allez vous-même le faire, monsieur; ce généreux étranger a sauvé la vie à mon fils, et depuis quelques mois je suis en relations intimes avec lui. Je puis vous rassurer sur les craintes que vous avez conçues sur son mérite; voici les vers qui ont été couronnés : vous applaudirez vous-même à la verve chaleureuse qui les a dictés. Ecoutez, je vous prie.

*( M. de Perthuis lit :)*

## A UN AMI CONVALESCENT (1)

Si dans le feu divin qui ravit le poëte
Je pouvais voir briller sur ma lyre secrète
L'éclair inspirateur du génie immortel,
Si jamais je pouvais, ivre de poésie,
Sur mon luth préludant une neuve harmonie,
     Précipiter mon vol au ciel ;

Si, volcan poétique à la rapide flamme,
Mon cœur avait des chants pleins d'énergie et d'âme
Et qui pussent voler à la postérité,
Si Dieu m'avait donné, dans mon brûlant délire,
De couronner les noms répétés par ma lyre
     Des lauriers d'immortalité ;

On ne me verrait pas, adulateur servile,
Ramper honteusement comme un impur reptile
Pour encenser l'orgueil de quelque ambition.
Non ! je dédaignerais ces hommes sans génie
Qui n'ont d'autre vertu pour signaler leur vie
     Que le faux éclat d'un vain nom ;

Mais la reconnaissance, écho vivant de l'âme,
L'amour et l'amitié, de leur puissante flamme,
Comme un devoir sacré me dicteraient des vers,
Et ma voix chanterait vertu, gloire, patrie,
Puiserait dans mon cœur, épris de mélodie,
     De doux mots, de touchants concerts !

(1) Cette pièce de vers est effectivement l'œuvre d'un sourd-
muet.

Une larme surtout, de mon cœur échappée,
Immortaliserait le beau nom de *l'Epée !*
Que ne puis-je exalter par des accords touchants
Ce nom justement cher à mon âme orpheline,
Aux anges emprunter une lyre divine,
     Afin qu'il vive dans mes chants !

Mais las ! vœux superflus, illusions dorées....
Comme les papillons, aux ailés diaprées,
Fuyant l'enfant malin qui les poursuit des yeux,
Elles m'ont toutes fui, je les vois fuir encore,
Et je caresse en vain une lyre sonore
     Qui ne répond pas à mes vœux.

Oh ! quels chants d'amitié, quels concerts de tendresse
Pour toi j'aurais encor créés dans mon ivresse !
Hélas ! nous t'avons vu dans la nuit du tombeau
Comme le nautonier menacé par l'orage ;
De tes jours précieux, de ta vie, avant l'âge,
     Allait s'éteindre le flambeau !

Deux fois, comme un vautour de nos douleurs avide,
Le malheur t'a touché de son aile livide !
Il t'avait arraché l'enfant de tes amours....
« C'était ton ciel vivant, et l'âme de ton âme,
» Vie où vivait ta vie et qui doublait ta flamme ; »
     L'ange gardien de tes vieux jours !

Tu voulais nous quitter !... De ton pesant automne
Ne pouvant supporter la trop lourde couronne,
Sous la main du malheur tu tombais affaissé !...
Non ! ne pars pas encor !... Non, reviens à la vie,
Reviens à notre amour, reviens à la patrie.
     Nos vœux, nos pleurs t'ont racheté.

Que ta convalescence égale l'onde pure
Qui, sous un ciel serein, roule son doux murmure !
Le sable ni le roc n'interrompent son cours :
Et son flot, fécondant les rives qu'il arrose,
S'embaume des parfums du lis et de la rose
        Et présage encor de beaux jours.

Dans les temples de Dieu les lampes symboliques,
Mystérieux gardiens de sombres basiliques,
De la nuit, en mourant, redoublent les terreurs.
Partout, si tout à coup leur lumière assoupie
Retrouve sous un souffle et l'éclat et la vie,
        Dans le lieu saint quelles splendeurs !...

Comme elle, ô mon ami, que ton brillant génie
Se ranime et s'élance où mon luth te convie !
Que ton âme, épurée au creuset de douleur,
En sorte rayonnant de paix et d'espérance !
Viens, viens, au nom du Ciel, adoucir la souffrance
        De nos semblables en malheur.

Ainsi le Ciel, sensible aux souhaits de notre âme,
De tes jours bienfaisants prolongera la trame,
Et les flots du malheur un jour contre ton sein
En vain se presseront comme ils l'ont fait naguère !
Ainsi, dans un torrent, contre un roc séculaire
        Des vagues mugissent en vain.

Tes bontés m'ont séduit, et ta voix, sans parole,
Dans mon isolement me parle et me console.
Que ne puis-je, à mon tour, avec mes faibles chants,
Venir te consoler dans ta convalescence,
Te parler d'avenir, d'amour et d'espérance,
        Et t'enivrer de beaux accents !

#### M. DE PERTUIS

Vous comprenez maintenant, messieurs, à combien de titres ce jeune homme m'est cher ? quel ami pour mon fils !...

#### SOTTENVILLE

Vous paraissez compter que Richard se plaira à la conversation de ce jeune homme ?

#### M. DE PERTHUIS

J'ai conçu à cet égard des craintes légitimes : un jeune homme, quoique affectueux et reconnaissant, ne peut guère s'amuser longtemps d'une société où il ne peut s'épancher. J'ai cependant formé le projet de réunir ces deux cœurs qui, par la noblesse de leurs sentiments, semblent faits l'un pour l'autre ; pour y parvenir, je me suis occupé depuis quelques mois à apprendre le langage des signes. Je serai le lien qui les unira, je serai leur truchement, et avec de la persévérance nos trois cœurs n'en formeront bientôt plus qu'un seul.

#### DALANGE

M. le lauréat est-il muet de naissance ?

#### M. DE PERTHUIS

Je vais le prier de vous raconter lui-même son histoire ; et si vous ne comprenez pas suffisamment ses gestes, je vous les traduirai. (*Il dit à Léopold de raconter ses aventures.*)

LÉOPOLD, *par signes que traduit tout haut M. de Perthuis.*

Etant petit, il paraît que je suis tombé à la mer ; un chasse-marée qui partait pour la pêche me recueillit sur un rocher où m'avaient poussé les vagues. Un vent violent repoussa la barque bien loin du lieu où j'avais fait naufrage, et je n'ai jamais pu savoir quel était mon pays. L'eau qui m'était entrée dans mes oreilles me rendit sourd, et j'oubliai bientôt le peu de mots que j'avais su bégayer. Le matelot qui me traitait comme son fils vint à Paris pour me placer dans l'institution des sourds-muets. Il y a six mois que, se sentant près de mourir, il me fit revenir, me remit un médaillon qu'il me dit devoir être le portrait de ma mère et que j'avais au cou lorsqu'on me perdit. Je l'ai toujours depuis porté sur moi ; mais ce matin je l'ai égaré dans la foule, ce qui me rend fort triste. J'ai reçu, il est vrai, cette couronne, mais je préférerais la perdre pour retrouver le portrait de ma mère. (*A part :*) Quels points de ressemblance... se pourrait-il?... Je n'ose l'espérer... attendons....

## SCÈNE XI

*Les précédents ;* MALTON , DOUBLET

### MALTON

Monsieur, vous m'avez fait l'honneur de me recevoir chez vous ; cette bienveillance m'impose une
pénible tâche que je viens remplir en ce moment.
La conduite de Richard n'est pas ce que votre tendresse est en droit d'exiger....

### M. DE PERTHUIS

Vous m'étonnez, monsieur !

### SOTTENVILLE

Il est vrai, sa conduite est.... Moi qui vous parle,
je ne saurais comment la qualifier.

### MALTON

Vous ignorez sans doute que presque journellement il se rend à la haute ville ?

### M. DE PERTHUIS

J'ignorais, en effet....

### MALTON

Rue Sicard.

### M. DE PERTHUIS

Ah ! rue Sicard !...

### MALTON

Numéro dix-sept.

### M. DE PERTHUIS

Numéro dix-sept!... Vous vous trompez, monsieur ; j'y vais moi-même journellement, je l'y aurais rencontré.

### MALTON

Vous y allez tous les jours ?

### M. DE PERTHUIS

Oui, monsieur, tous les soirs.

### MALTON

Tous les soirs?... Eh bien, lui, c'est tous les matins.... (*A part :*) Par exemple, voilà une assurance qui me confond. (*Haut :*) Monsieur, vous ne pouvez approuver qu'un jeune homme.... Je me persuade que vous ne prenez pas les choses au sérieux, car l'affaire est grave..... Ce Richard, il joue, et, vous le dirai-je, on vient de le rencontrer tenant un portrait qu'il baisait avec transport !

# SCÈNE XII

*Les précédents ; Richard entre précipitamment*

RICHARD

Se peut-il !... Il est ici !... Je le cherchais inutilement....

M. DE PERTHUIS

Connais-tu ce jeune homme ?

RICHARD

Ah ! mon père, c'est lui qui m'a sauvé !

M. DE PERTHUIS

Veux-tu le prendre pour ami ?

RICHARD

C'est le plus ardent de mes vœux ; j'allais vous en prier....

M. DE PERTHUIS

Mais tu ignores un malheur ? il est sourd-muet.

RICHARD

Je le sais, mon père ; mais que cela ne vous arrête pas. Je saurai bien lui parler.... Oui, mon bon père, ne soyez pas contraire à mon désir. Depuis que je l'ai vu, j'ai formé dans mon cœur un dessein... c'est d'en faire pour vous un second fils, pour moi un frère. Mais avant de vous en parler et de lui en parler à lui-même, j'ai voulu m'instruire, afin de me mettre entre vous deux et de vous transmettre réciproquement vos pensées : sans vous prévenir, j'ai fait prendre des renseignements sur sa position; j'ai su qu'un bienfaiteur avait payé son hôte pour six mois.

M. DE PERTHUIS

C'est moi qui ai fait cette avance....

RICHARD

Vous le connaissiez donc ?

M. DE PERTHUIS

Je le voyais journellement.

RICHARD

Quelle rencontre !... quel bonheur !... Certain de le voir rester six mois dans ce pays, j'ai consacré mon temps à acquérir tout ce qui me manquait pour l'instruire à mon tour et le rendre plus digne encore de votre bienveillance. O mon père ! ce projet n'est pas encore exécuté, mais il peut l'être dans la suite. Que vous importe la famille de ce bon jeune homme.... Je vais lui donner des leçons ;

il est facile de voir, à ce rayon d'intelligence qui brille dans ses traits, qu'il pourra bientôt....

SOTTENVILLE

Tu ne sais donc pas qu'il m'a soufflé le prix de poésie !

RICHARD

Lui ?

M. DE PERTHUIS

Lui-même.

RICHARD

Serait-il possible ?... O mon Dieu, je vous remercie, vous avez exaucé le plus ardent de mes souhaits.... Il n'y a donc plus d'obstacles ?

M. DE PERTHUIS

Rassure-toi. Terminons avant tout une petite affaire. Tes amis, je veux dire *tes camarades*, me parlaient tout à l'heure de toi d'une manière propre à m'alarmer ; il s'agissait d'un portrait.

RICHARD

Ah ! vous me faites souvenir... la joie me fait perdre l'esprit !... Vous savez, mon père, ce portrait de ma mère qui manque, dites-vous, depuis si longtemps dans votre cabinet... eh bien, le voici.

M. DE PERTHUIS

Ciel ! quelle circonstance a pu le mettre entre tes mains ?...

LÉOPOLD, *par signes*

C'est à moi, c'est ma mère !...

**M. DE PERTHUIS**

Il disait tout à l'heure qu'il avait perdu dans
la foule un portrait.... Cette cicatrice à la lèvre,
que je n'avais pas remarquée.... ses aventures qu'il
m'a racontées !... Ah ! mon Dieu, me rendriez-
vous mon enfant si longtemps perdu ?...

**RICHARD**

N'en doutez plus ; ce ressort qu'on n'a jamais
ouvert, mais que je connais parce que vous avez
un portrait semblable.... Voici vos traits... ô mon
père ! c'est lui, c'est mon frère !.... (*Il se jette
dans les bras de Léopold.*)

**M. DE PERTHUIS**

O mon Dieu ! tu me paies dix ans de souffrances...
Mes enfants... comment suffire à tant d'émotions !...
Venez, mes fils, ce jour est bien beau pour moi ;
il me rend un fils, il me le rend couvert de gloire,
il me le rend quand j'ai su briser la barrière qui
m'aurait séparé de lui. Oh ! mon Dieu, quand tu
m'as frappé, j'ai accepté sans murmure ta volonté
souveraine, accepte aujourd'hui ma reconnaissance ! (*Il embrasse ses fils, qui se serrent mutuel-
lement.*)

### DALANGE

On a bien raison de le dire, *Ce qui distingue les hommes, ce n'est ni la naissance ni la fortune , c'est l'éducation.*

(*La toile tombe.*)

# A QUELQUE CHOSE

# MALHEUR EST BON

# PERSONNAGES :

M^me DE CURSY.

Adelaïde DE CURSY, sa fille.

M^me D'ERVIÈRES, sœur de M^me de Cursy.

M^me BLONDEAU, vieille gouvernante.

M. D'ERVIÈRES, beau-frère de M^me d'Ervières.

*Un domestique.*

# A QUELQUE CHOSE
# MALHEUR EST BON

## ACTE PREMIER

La scène se passe en 1788, dans un hôtel de Paris.
Le théâtre représente un salon.

## SCÈNE I

M^me BLONDEAU, *seule, et s'adressant à la cantonnade*

Arrangez le lustre... mettez les arbustes autour
des gradins de l'orchestre... dressez les pupitres....
Là, c'est bien !... Grâce au Ciel, voilà nos pré-
paratifs presque terminés... la fête sera belle....
Dame ! il faut tenter des efforts pour amuser une
personne inamusable.... Pauvre petite Adélaïde,

malheureuse à force d'être heureuse! Mais voici, je crois, M^{me} d'Ervières.

---

## SCÈNE II

M^{me} D'ERVIÈRES, M^{me} BLONDEAU

#### M^{me} D'ERVIÈRES

Bonjour, ma chère Blondeau! je suis vraiment heureuse de vous retrouver après tant d'années de séparation....

#### M^{me} BLONDEAU

Ces années n'ont pas eu le pouvoir de changer la bonté de madame ni mes sentiments pour elle.

#### M^{me} D'ERVIÈRES

Et ma nièce, où donc est-elle? je croyais la trouver dans un salon.

#### M^{me} BLONDEAU

Madame....

#### M^{me} D'ERVIÈRES

Sans doute, elle est avec ses maîtres; et, à vrai dire, je ne suis pas fâchée de son absence, ni même de celle de ma sœur et de mon beau-frère,

puisque cette circonstance me procure le plaisir de
causer avec vous, ma chère Blondeau. Asseyons-
nous.... Vous êtes depuis longtemps dans notre
famille, vous connaissez nos projets, et vous savez
que ma nièce doit devenir un jour ma fille. Le vif
intérêt que m'inspire cette enfant est donc bien
naturel; elle sera un jour tout l'ornement de notre
solitude.

M<sup>me</sup> BLONDEAU

Madame ne compte pas revenir à Paris ?

M<sup>me</sup> D'ERVIÈRES

Non, ma chère Blondeau, non certes; depuis
trop longtemps je goûte le charme de la retraite et
de la liberté, pour consentir à reprendre les chaînes
du monde. Mon frère et mon fils pensent comme
moi. Vous connaissez notre manière de vivre....
Notre vieux château est une habitation aussi com-
mode à l'intérieur que sombre et antique au dehors;
nous avons de beaux jardins et une excellente biblio-
thèque; mon beau-frère, M. d'Ervières, le tuteur
de Gaston, qui demeure avec nous, a le goût de
l'histoire naturelle, et il a communiqué ce goût à
son pupille; l'administration de nos terres et l'étude
occupent mon frère et mon fils; pour moi, ma
tapisserie, mes livres, le soin de nos pauvres

remplissent ma journée ; nous réunissons souvent quelques voisins, quelques vieux amis, et notre vie coule ainsi tout doucement. Adélaïde y répandra l'agrément de sa jeunesse et de ses talents…. Toute ma crainte, c'est qu'elle ne se plaise pas avec nous… Qu'en pensez-vous, ma chère Blondeau ?

M<sup>me</sup> BLONDEAU

Vous jugerez mieux que moi, madame, des dispositions de mademoiselle… mais je l'entends… la voici. (*M<sup>me</sup> Blondeau sort.*)

---

# SCÈNE III

M<sup>me</sup> D'ERVIÈRES, ADÉLAIDE, *très-parée*

M<sup>me</sup> D'ERVIÈRES

Bonjour, ma chère nièce.

ADÉLAÏDE

Ma tante… (*Elle baise la main de M<sup>me</sup> d'Ervières.*)

M<sup>me</sup> D'ERVIÈRES

Vous voilà bien parée, ma chère amie.

ADÉLAÏDE

Moi ! point du tout… je me lève à peine, et j'ai

mis la première robe venue... je suis coiffée à faire horreur. (*Elle se regarde à la glace.*)

M^{me} D'ERVIÈRES

Vous vous levez à peine ! Mais vous êtes donc malade, Adélaïde ?

ADÉLAÏDE

Mais non.... (*Elle bâille.*) Un peu de courbature. Je ne me lève guère plus tôt.

M^{me} D'ERVIÈRES

Et vos études ?

ADÉLAÏDE

Oh ! l'on donne des cachets aux maîtres, et on les renvoie... ils sont bien contents.... Ce matin, j'ai fait donner des cachets à mon maître d'anglais et à ma maîtresse de harpe.... Pour vivre à la cour, il ne faut pas tant de science....

M^{me} D'ERVIÈRES

Et si vous étiez destinée à vivre à la campagne, comme moi, par exemple, que feriez-vous ?

ADÉLAÏDE

Oh ! ma tante, j'y mourrais d'ennui.

M^{me} D'ERVIÈRES, *à part*

Pauvre Adélaïde ! quel avenir pour elle, et quelle déception pour moi !

## SCÈNE IV

*Les mêmes;* M<sup>me</sup> DE CURSY

M<sup>me</sup> DE CURSY

Ma chère sœur ! je craignais de vous trouver
seule ; mais, je le vois, Adélaïde m'a remplacée....
Elle est à vous, elle est toute vôtre. (*A voix basse :*)
Comment la trouvez-vous, franchement ? (*Adélaïde
baise la main de sa mère, salue sa tante, et sort.*)

M<sup>me</sup> D'ERVIÈRES, *hésitant*

Ma bonne sœur, c'est sans contredit une personne
fort agréable.... sa figure est très-bien....

M<sup>me</sup> DE CURSY

Elle danse admirablement, elle s'habille avec un
goût parfait, et certainement, elle sera un jour une
femme bien distinguée.

M<sup>me</sup> D'ERVIÈRES

Et l'instruction, les talents solides ? je ne doute
pas, ma chère sœur, que vous n'ayez donné à ces
points essentiels des soins tout particuliers.

M<sup>me</sup> DE CURSY

Elle a eu tous les maîtres. Mais vous savez, ma
chère amie, qu'une femme du grand monde est

assez mauvais juge en histoire, en grammaire, en
arithmétique.... Je ne désire pas d'ailleurs que ma
fille soit pédante. Au reste, vous jugerez ma fille ce
soir : nous donnons une petite soirée pour l'anniversaire de sa naissance. (*Elle sonne : un domestique paraît.*) Lorrain, apportez la corbeille qui est
dans mon cabinet. Vous verrez nos présents, ils
sont délicieux. (*Le domestique rentre et dépose sur
la table une corbeille couverte.*) Mais voici notre
chère Adélaïde.

———

# SCÈNE V

*Les mêmes :* ADÉLAÏDE, *en toilette*

M<sup>me</sup> DE CURSY

Viens, ma chère enfant, et regarde au fond de
cette corbeille ; vois si ce qu'elle contient te plaît.
(*Adélaïde regarde négligemment, en éparpillant sur
la table un écrin, des fleurs, des boîtes, etc.*) Que
dis-tu de cette parure ? nous l'avons prise pour toi
chez le joaillier de la cour.

ADÉLAÏDE, *nonchalamment*

Elle n'est pas mal... merci, maman.

### M<sup>me</sup> DE CURSY

Tu aimes les boîtes ? en voici une qui me paraît jolie, elle est en cristal de roche avec ton chiffre en rubis.

### ADÉLAÏDE

Oh ! maman, je n'aime plus que les éventails... les bonbonnières m'ennuient.

### M<sup>me</sup> DE CURSY

Les éventails !... en voici un fort beau, en bois de sandal ; il vient des Indes.... Tu vois, chère enfant, que je n'ai pas oublié ce qui pouvait te plaire.

### M<sup>me</sup> D'ERVIÈRES, *à demi-voix*

Mais vous n'avez pas deviné, ma sœur, ce qui aurait pu l'amuser. Aucune de ces jolies bagatelles ne l'intéresse.

### M<sup>me</sup> DE CURSY

Adélaïde, nous allons passer au salon ; tes jeunes amies vont arriver.

### ADÉLAÏDE, *vivement*

J'espère au moins, maman, que vous n'avez pas invité Delphine ?

**M<sup>me</sup> DE CURSY**

Et pourquoi donc pas ?

**ADÉDAÏDE**

Je la déteste, je ne saurais la voir... si elle s'y trouve, je ne me montrerai pas ; une orgueilleuse, une pédante !

**M<sup>me</sup> DE CURSY**

Je n'ai pu faire autrement que de l'inviter ; sa mère est mon amie intime ; songes-y mon enfant, n'aie pas de caprices... je croyais d'ailleurs que tu aimais Delphine ?

**ADÉLAÏDE**

Elle m'est antipathique ; elle croit m'éclipser ! On prétend qu'elle possède toutes les qualités.

**M<sup>me</sup> DE CURSY**

Allons, viens toujours... c'est l'anniversaire de ta naissance que nos amies viennent célébrer, il ne faut pas te refuser à leur empressement.

**ADÉLAÏDE,** *se laissant emmener*

Je ne dirai mot à Delphine, c'est sûr....

**M<sup>me</sup> DE CURSY**

Ma chère sœur, vous venez avec nous ?

M<sup>me</sup> D'ERVIÈRES

Je vous suis à l'instant.

---

## SCÈNE VI

M<sup>me</sup> D'ERVIÈRES, *seule*.

O Ciel ! Quel caractère ! envieuse comme l'ignorance, ennuyée de tout, gâtée avec un excès... destinée à passer sa vie dans une longue et futile enfance ! quel sort subirait mon fils avec une telle compagne !... Il m'en coûte de rompre les doux projets formés entre ma sœur et moi ; mais le bonheur de Gaston est mon premier devoir, et jamais, jamais ma nièce ne deviendra ma fille.

---

## SCÈNE VII

M<sup>me</sup> BLONDEAU, *accourant* ; M<sup>me</sup> D'ERVIÈRES

M<sup>me</sup> BLONDEAU

O madame, voilà mademoiselle qui vient de faire une scène affreuse à cette bonne demoiselle Delphine. Tout est en rumeur là-dedans.

Mᵐᵉ D'ERVIÈRES

Pauvre petite ! que de malheurs dans un tel caractère !... Allons, ma chère Blondeau.

(*Elles sortent.*)


FIN DU PREMIER ACTE

# ACTE SECOND



La scène se passe en 1795. — Le théâtre représente la chambre d'une petite ferme de la Frise. — Sur une table, quelques livres et un cahier de dessins; une harpe est posée près de la fenêtre.

———

## SCÈNE I

M. D'ERVIÈRES, *seul*

Quelle douce hospitalité j'ai trouvée ici ! c'est toute la France d'autrefois, avec sa grâce, ses talents, sa politesse.... Qui s'y serait attendu, au fond de la Hollande ? Mes hôtes ont beau vouloir se cacher; je ne puis douter qu'ils n'appartiennent à une classe élevée, et que, comme tant d'autres pauvres émigrés, ils n'aient trouvé dans leur industrie une noble ressource. Plus heureux, ma sœur, mon pupille et moi nous avons conservé une grande partie de notre fortune; le château de nos pères est encore debout... je voudrais pouvoir y rendre à mes hôtes de cette nuit la cordiale hospitalité qu'ils m'ont offerte en leur maison.... Cette

jeune fille, presque enfant encore, est charmante !
Quels soins pour sa mère ! de quels égards elle
entoure son père ! quelle déférence même pour
cette vieille fille, servante autrefois, compagne aujourd'hui, et qui rend au malheur de ses maîtres
plus de respect peut-être qu'elle n'en portait à leur
prospérité ! Rose comprend cela, je l'ai vu... tout
me plaît en cette enfant, et c'est une femme
pareille que je souhaiterais à mon neveu : *Oh !
oui, la grâce est trompeuse, la beauté est vaine,
c'est le Seigneur qui donne la femme sage....* Mais
quel rêve !... J'entends du bruit ; voici cette bonne
servante.

---

# SCÈNE II

Mme **BLONDEAU**, *en costume de paysanne
très-simple;* M. D'ERVIÈRES

### M. D'ERVIÈRES

J'aurais voulu, madame, avant de partir, offrir
mes vifs remercîments au maître et à la maîtresse
de la maison pour l'excellent accueil que j'ai
trouvé chez eux.

M<sup>me</sup> BLONDEAU

Rien ne vous presse, monsieur ; mon maître est allé inspecter les faneurs, et mademoiselle est auprès de sa mère, qui n'a pas encore quitté la chambre, car elle souffre beaucoup.

M. D'ERVIÈRES

Elle regrette peut-être ?...

M<sup>me</sup> BLONDEAU

Qui ne regrette pas en ce monde, monsieur ? Mais souffrez que je vous quitte ; je vais porter du bouillon et de la tisane à un pauvre homme que mademoiselle Rose secourt autant qu'elle le peut.

M. D'ERVIÈRES

Votre jeune maîtresse est un ange ! pourquoi faut-il que des malheurs immérités ?...

M<sup>me</sup> BLONDEAU

Le malheur est un grand et bon maître, et mademoiselle Rose, moins qu'une autre, doit s'en plaindre.... Mais pardon, monsieur, je vous laisse.

## SCÈNE III

M. D'ERVIÈRES, *seul*

J'ai été bien indiscret, et elle bien réservée. Mes hôtes m'intéressent à un point... tout en eux décèle leur malheur... Ces livres. (*Il les parcourt.*) Bossuet, La Bruyère, Fénelon.... Ces dessins... une vue prise à Versailles, une autre en Hollande... tous deux signés du simple nom de Rose.... Cette harpe... gracieux emblème ! elle est mêlée aux instruments de la vie agricole, et, comme celle qui la fait vibrer, destinée à l'ornement des palais, elle est cachée dans un désert. (*Il s'approche de la fenêtre :*) Voici Rose ; elle vient d'inspecter sa basse-cour, elle se dirige vers cette chambre.... Je m'éloigne. (*Il sort par une porte à gauche ; Adélaïde, sous le nom de Rose, en costume de fermière, entre de l'autre côté.*)

---

## SCÈNE IV

ADÉLAÏDE, *seule*

Neuf heures ! papa va revenir, et maman va se lever. Préparons le déjeuner. A notre tour ! les poulets ont mangé les premiers : à tout seigneur tout honneur ! dame, lorsqu'on est fermière ! (*Elle va et vient avec activité.*) Voilà le chocolat de maman ; voici le lait pour papa, Blondeau et moi... ah ! j'oubliais un couvert pour l'étranger.

---

# SCÈNE V

### ADÉLAÏDE, M^me BLONDEAU

#### ADÉLAÏDE

Ah ! Blondeau ! Eh bien, chère bonne, et le vieux Willem, comment le trouves-tu ?

#### M^me BLONDEAU

Mieux, mademoiselle ; il n'a plus de fièvre.

#### ADÉLAÏDE

Que Dieu en soit béni ! cela me fait un plaisir !... Vois, Blondeau, le couvert est-il bien mis ?

#### M^me BLONDEAU

A merveille. Ah ! mademoiselle, vous ne pensiez guère à Paris qu'un jour vous auriez mis vous-même le couvert dans la salle d'une ferme.... Chère enfant ! quelle épreuve !...

ADÉLAÏDE

Ma chère bonne, franchement, si ce n'était à
cause de papa qui doit travailler, et de maman qui
souffre et qui regrette la France, je bénirais de
bon cœur nos malheurs qui m'ont fait connaître
trois choses : que j'avais une âme pour aimer, des
bras pour travailler et des jambes pour marcher.

M<sup>me</sup> BLONDEAU

Il est certain qu'à Paris vous couriez grand risque
de l'ignorer toujours.

ADÉLAÏDE

Je suis heureuse maintenant, mille fois plus
heureuse qu'autrefois, et rien ne me manquerait
si mes parents étaient heureux aussi. Tout me plaît,
tout m'amuse, mon aiguille, mes livres, ma harpe,
mes crayons tant négligés, et mes poules donc !

M<sup>me</sup> BLONDEAU

Je le crois bien ; vous n'êtes plus dégoûtée des
vrais plaisirs par ceux qui n'en sont que l'ombre.

ADÉLAÏDE

Je voudrais que papa fût tranquille et satisfait.

M<sup>me</sup> BLONDEAU

Monsieur est obligé à de grandes précautions,

car si on se doutait que le pauvre fermier de la Frise était un grand seigneur à la cour de France, on ne le laisserait pas tranquille dans ce petit domaine.

ADÉLAÏDE, *avec inquiétude*

Mais personne ne s'en doute, n'est-ce pas? On le croit simplement M. Valery, un pauvre émigré sans nom, sans fortune, qui a fui la France à cause des horreurs qui s'y commettaient, et qui a employé ses petites économies à monter cette métairie?

M^me BLONDEAU

Tout le monde le pense ainsi; et comme monsieur parle facilement le hollandais et qu'il connaît bien l'agriculture, on n'est pas près de deviner son secret, pas plus que le vôtre, qui cache si bien sous le nom de Rose M^lle Adélaïde de Cursy.... Mais voilà notre hôte qui vient.

ADÉLAÏDE

Il donne le bras à ma mère; il est poli, ce bon monsieur.

M^me BLONDEAU

C'est un vrai Français.

———

# SCÈNE VI

*Les mêmes ; M^me DE CURSY, en fermière*
**M. D'ERVIÈRES**

### M^me DE CURSY

Chère enfant, remerciez monsieur qui vient de
m'offrir très-obligeamment son bras pour traverser
la basse-cour. (*Avec un soupir :*) On voit bien,
monsieur, que vous venez du pays de la courtoisie :
heureux êtes-vous d'y retourner !

### M. D'ERVIÈRES

Que ne puis-je, madame, en ouvrir les portes à
tous mes compatriotes malheureux ! Mais l'heure
me presse.... (*Il tire sa montre :*) Souffrez, madame,
que je vous prie d'agréer mes remerciements
et mes adieux. Jamais je n'oublierai cette douce
hospitalité. (*Pendant qu'il parle, le cachet de sa
montre est tombé ; M^me de Cursy le ramasse négligemment et y jette un regard.*)

### M^me DE CURSY, *se levant avec vivacité*

Au nom du Ciel ! qui êtes-vous, monsieur ? quel
est votre nom ? quelles sont ces armes ?

# TABLE




— Lille. Typ. J. Lefort. 1878 —